近頃の若者はなぜダメなのか

携帯世代と「新村社会」

原田曜平

光文社新書

近頃の若者はダメだ、けしからん、という声をよく聞きます。

でも、そういう大人にこそ問いたい。

あなたは、今の若者のことをどれくらい知っているのか、と。

あなたは、たった数人の身近な若者や、テレビが流すダメな若者の姿を見ただけで、彼らのことを理解したつもりになっていないか、と。

この本には、私が約7年をかけて47都道府県の若者1000人以上に会って話を聞いた、「今の若者のリアルな姿」が描かれています。

「ケータイは、ポケットにむき出しの刃物を入れている気分です」（16歳・女子高校生）
「渋谷に行くと必ず誰かに会っちゃって面倒だから行きたくない」（17歳・男子高校生）
「メアドより電話番号を知っているかが、親しさの境界線だと思う」（15歳・女子高校生）

このようなセリフを、あなたは若者から直接聞いたことがありますか？

ケータイをきっかけに生まれた新しい人間関係――今の若者は、実は私たちとは異なる世界を見ているかもしれないのです。

♥゛✧✧♥゛✧✧♥゛✧✧♥゛✧✧♥゛✧✧♥゛

♥レナ゛ω+ニゃω♥麻友c♥
♪♪祝①⓪ヵ月記念日!!♪♪
☘ぉめτ゛とォ〜ナリ☘
✧✧♥゛✧✧♥゛✧✧♥゛✧✧♥゛✧✧♥゛✧✧

レ」ゃ②〜〜もぉ↑②人が
付き合っτ♥①⓪ヵ月♥
ヵゝぁ(✧✧♥ω♥)〃　早レ」
+よァァァ♪　本当惚れ+ニ負
レナ+ニ゛レナど、これヵゝら
も負レナず頑張れよっ
美帆ゎ②人をずぅ〜っと
見守っτレ」まス(◕∀◕)
♥本当レニぉめτ゛とォ〜〜♥
🌷♡♡美帆♡♡🌷

目次

第5章　ちぢこまるケータイネイティブ——若者はなぜ安定を望むのか? 163

はじめに　若者はなぜ過剰に空気を読むようになったのか？

みんなの顔色をうかがいすぎて、料理を頼めない高校生

私が男子高校生５人と食事に行ったときの話です。

インタビューを受けるために、彼らはわざわざ休日に私の自宅付近まで来てくれました。

そこで、彼らのイキな行動へ感謝の意を示すため、私は彼らをファミリーレストランに連れていき、御馳走《ごちそう》することにしました。

テーブルに着き、ひと通り挨拶と自己紹介を終え、私は彼らに言いました。

「今日は僕が取材させてもらうんだから、遠慮せずに好きなものを注文してね」

ところが、彼らはメニューを開くものの、ちらちらお互いの顔色をうかがい、なかなか注文しようとしません。

「パッと思い浮かんだものを注文しちゃいなよ」

私がこう言っても、彼らは一向に注文しようとしないのです。

だんだんイラッとしてきた私は、

「早く注文しないと、インタビューが始められないって！」

と言いましたが、逆に彼らにたしなめられてしまいました。

彼ら曰《いわ》く、見ず知らずの大人におごってもらうのは初体験。だから、いくら程度のメニューを頼むのが常識の範囲内なのかを友達や私の表情から読み取ろうとしていたため、なかなか注文できなかった、というのです。

私が高校生のときだったら、サラリーマンの苦しい懐《ふところ》具合なんて想像すらできず、好機とばかりに好きなものを好きなだけ注文していたことでしょう。

また、こんな話もしてくれました。彼らが複数人で食事をするときは、それぞれ違うメニューを注文することが暗黙の了解になっているというのです。

お互いに別々のメニューを頼んだほうが、食事を分け合って、みんなでいろいろな味を楽しめる。だから、自分が注文するメニューが他の人と重ならないよう、まわりが何を注文するのかに聞き耳を立てたり、他の人が頼まなそうな掘り出し物を見つけようとしていた……。

見ず知らずのおっさんの懐具合を気にしてくれたうえに、直接私に値段を聞いてしまうと社会人としての面子《メンツ》が立たないのではないかと、まわりの表情をうかがうことでそれを探り、同時に他の人と注文が重ならないように配慮する。

まだうら若き高校生のはずなのに、恐るべき気遣いとは言えないでしょうか。

マスカラを塗りながら、実は「合いの手」に必死なギャル

広告会社に勤務する私は、ちょうど2002年頃から、会社の業務として若者研究を始めました。今の若者の価値観やライフスタイルを探り、彼らに通用するマーケティング手法を開発するというのが、私に課せられたミッションでした。

とはいえ、いきなり若者研究せよと命じられたものの、何から手をつけていいかわからず、困り果てました。

「ガキンチョになんて興味ないなあ……」

最初、私は反抗期の中学生みたいなことを言って愚図《ぐず》っていたのですが、当時の上司が、「君はまだ若いんだから（当時の私は25歳でした）、今の若者と実際に接してみてごらんよ」と温かい言葉をかけてくれたのに便乗し、（なかば仕方なく）若者の街である渋谷のセンター街をうろつき始めた、というのが私の若者研究の恥ずかしいきっかけです。

さて、若者研究のために訪れたセンター街では、ギャルたちが路上に5、6人でベタ座りしている光景をよく目にしました。

彼女たちはそれぞれ、キティちゃんやディズニーキャラクターのシール、自分たちのプリクラがべったり裏面に貼られた手鏡を覗《のぞ》き込みながら、濃いメイクを直しつつ、同時にケータイのメールを打ち、大声でギャーギャー騒いでいました。

読者の皆さんも、彼女たちのこうしたおぞましい姿を、テレビ番組や街頭のどこかで目にしたことがあると思います。

彼女たちは、周囲のお店や通行人の迷惑などはこれっぽっちも考えちゃいません。

「汚いし、うるさいやつらだなあ」

最初は顔をしかめて見ていた私でしたが、あるときふと、彼女たちの不思議な習性に気がつきました。ギャルたちは皆、手鏡を見ながらマスカラを塗り、ケータイをいじりながら大声で騒いでいるのに、彼女たちのうちの誰かが話し始めると、マスカラを塗る手とメールを打つ指は動かしつづけるものの、騒ぐのをやめ、あるいは騒ぎつつも、いっせいに話し手に耳を傾け始めるのです。

顔や目線はいろいろな方向をさまよっているし、マスカラを塗る手も止めないので、一見、友達の話をまったく聞いていないように見えるのですが、よく観察すると、それはまったく違っていました。

しかも彼女たちは、ただ話し手に耳を傾けるだけではなく、「わかるわかる」「ガチで（本気で）ウケるんだけど」「それ、リアルにやばくね？」など、たくさんの相槌《あいづち》と合いの手をはさみ、話し手の気持ちを盛り上げるのです。

２００７年の新語・流行語大賞に、タレントＩＫＫＯさんの「どんだけ〜」という言葉（相槌や合いの手の一種。この言葉自体に特に意味はない）がノミネートされましたが、実は私はずいぶん前から、センター街の女子高生たちがこの言葉をよく使っているのを耳にしていました。

女子高生Ａ「私、彼氏と超ラブラブ〜。毎日会うし、暇なときはずっとメールしてる」
女子高生Ｂ「どんだけ〜」
女子高生Ａ「でしょ、でしょ？　びっくり〜。あんなブサイクにはまると思わなかった〜」

たとえば、こういったシーンで使用されるのですが、この「どんだけ〜」という相槌が聞き手である女子高生Bによってはさまれたことで、話し手である女子高生Aのテンションが急に上がったことがわかると思います。

このように、彼女たちの会話の力点は、話し手の気分を盛り上げることに置かれているのです（最近、「どんだけ〜」はあまり使われなくなっていて、かわりに「Hだね」という合いの手が一部の子の間では使われるようになっているそうです）。

また私は、彼女たちの会話にほとんど沈黙が生じないことも発見しました。

話し手の話が終わるや否や、その話に被《かぶ》せるように他の誰かが話し始めます。一見、たまたま沈黙が生じていないだけのように見えますが、じっくり観察してみると、彼女たちは沈黙をつくらないために躍起《やっき》になっているのです。

他にも、彼女たちが聞き手の表情を過剰にうかがいながら話をすることにも気づきました。自分の話が聞く側にウケているかどうかを繊細《せんさい》に気にかけ、ウケていなければ瞬時に話題をかえるのです。

私は毎日のようにセンター街でギャルたちの会話に聞き耳を立てながら、その高度なコミユニケーション能力に驚くとともに、強い違和感を覚えました。
ギャルなんて、人の話を聞かず、好きなことだけを好きなタイミングでしゃべる、ただ騒がしくて自分勝手な生き物だろうと勝手にイメージしていたのですが、実際の彼女たちは、水商売の女性もびっくりするほどの、気配りの達人だったのです。

これは渋谷のギャルだけの特徴なのか？
はたまた、近頃の若者全般の特徴なのか？

「ガキンチョなんて……」と嫌々始めた若者研究でしたが、このギャルの気遣いの謎に遭遇してからは一気に面白くなり、のめり込むようになっていったのです。

本書を読めば、近頃の若者のことが肌感覚でわかる

その後、私は、センター街に限らず、日本全国でいろいろな若者に直接インタビュー調査を行いました。
ギャルともオタクともニートとも、リストカットをしている子とも、ハンサムな子やお洒《しゃ》落《れ》な子とも、ＥＸＩＬＥそっくりな子とも、もちろんごく普通の子とも接してきました。その数、延べ１０００人以上。約７年をかけて、47都道府県すべてをまわりました。

そして、わかったこと。冒頭に挙げた男子高校生とギャルの例がまさにそうなのですが、彼らのことを知れば知るほど、今の若者が過剰なまでにまわりの人間に対して気を遣っていることが明らかになっていったのです。

これは、ギャルと普通の男子高校生というまったく異なる人種の者であろうと、青森の大学生と鹿児島のフリーターというまったく異なる地域に住む者であろうと、共通する特徴でした。

どうやら突然と言っていいほど急に、今の若者の間で過剰に気遣いをすること、すなわち空気を読むことが重要になり始めたようなのです。

それは、当時20代中盤であった（現在は32歳）私にとって新鮮な驚きでした。なぜなら、自分たちの世代にそういった特徴があまり見当たらなかったからです（もちろん個人差はあると思いますが）。

自分もまだまだ若者の部類に入ると思っていたのですが、どうやら下の世代との間には何か決定的な違いがある。

それはいったいどんなもので、なぜそういった違いが生じたのか？

本書では、その謎を解明しつつ、今の若者がいったいどういう環境にいて、いつも何を考えているのか、という「若者の正体」について、私が7年にわたり調査してきたことのすべてをお見せしたいと思います。

30代以上には決してわからない、若者の人間関係の劇的変化

すでに述べたように、最初はセンター街をぶらつくところから若者研究を始めた私でしたが、いつの間にか顔見知りの若者もでき、徐々にファミレスやファストフード店で彼らにインタビューするようになっていきました。

そして、仲良くなった子に次回は友達を連れてきてもらい、再度インタビューをする――そういったねずみ講のような調査をくり返しているうちに、いつの間にかセンター街だけではなく、いろいろな地域にも足を運ぶようになりました。

知り合いの若者がいない土地では、路上で暇そうにしている若者に声をかけて、近くのファミレスかどこかに連れていってインタビューをするのですが、キャッチや危ない人間に間違えられ、怪訝《けげん》な顔をされて無視されることも多々ありました。

この本の編集者の柿内芳文さんにもよく調査に同行してもらいましたが、路上で高校生に何度声をかけてもまったく引っ掛からず、足が棒のようになりながら、ふたり駅前のベンチで呆然《ぼうぜん》としたことを思い出します。

しかし総じて、どの地域でも笑顔で気さくに対応してくれる若者が多かったのには感動しました。

他のどの若者本にも負けない本書だけの「強み」があるとすれば、私が全国へおもむき、実際に多くの若者に会って、ただ友達のような関係になったという点です。若者から聞いた生のセリフが多いのも、本書の強みであり特徴です。

こうした「足で稼いだ研究」が本書の取り柄ですから、「移動距離と若者に会った数」をお見せし、今の若者のリアルな息吹《いぶき》を私なりに翻訳しながら紹介していきたいと思います。

ちなみに、この本で言う「若者」とは、「現在の10代半ば～20代後半」くらいまでの人たちのことを指します。

これは、私の若者の分析ポイントが、「中学生、高校生くらいから携帯電話（ケータイ）を持ち始めた」という点に置かれているためです。

今の20代後半以下の世代は、中学生、高校生の頃からケータイを持ち始めた日本で初めての世代です。

この年齢からケータイを持ち始めることで、若者の人間関係が大きく変化しました。詳しくは本文で徐々に述べていきますが、大人になってからケータイを持ち始めた30代以上の世代には絶対にわからない奇妙な人間関係が、この世代以降生まれています。

今後、ケータイにさまざまな機能が加わったり、ケータイとパソコンがもっと融合されたりと、数々のインフラの変化や技術革新が、その時代時代の若者に影響を与えていくことでしょう。

もちろん、ケータイ以外の、たとえば景気や社会情勢等々、時事的・経済的な問題も、時代のムードを変え、若者に大きな影響を与えていくと思います。

しかし、この「中学生、高校生くらいからケータイを持ち始めた」という、今の若者が日本で最初に体験した出来事は、基本的には今後の若者にもずっと受け継がれていくのです。

ケータイ所有の低年齢化はさらに進んでいくでしょうが、「物心つく頃にケータイを持ち始め、幼い頃に人間関係が激変する」という観点で見れば、今の若者も今後の若者も、基本的には同じ体験をすることになります。

30代以上の人間には決してわからない人間関係の変化を、彼ら以降の世代は共有するのです。つまり、今の10代半ば～20代後半は、今後の若者の基本モデルであると言えます。

逆に言えば、今の若者をきちんと理解することができれば、未来の若者に起こり得る変化も、ある程度は予測できるようになるでしょう。

これらの理由から、この本は今後少なくとも10年間は、若者本の基本書として機能しつづけると思っています。

ではさっそく、若者が過剰に空気を読むようになった謎について、迫っていきたいと思います。

第1章

〝読空術〟を駆使する若者たち

——KY復活現象の謎

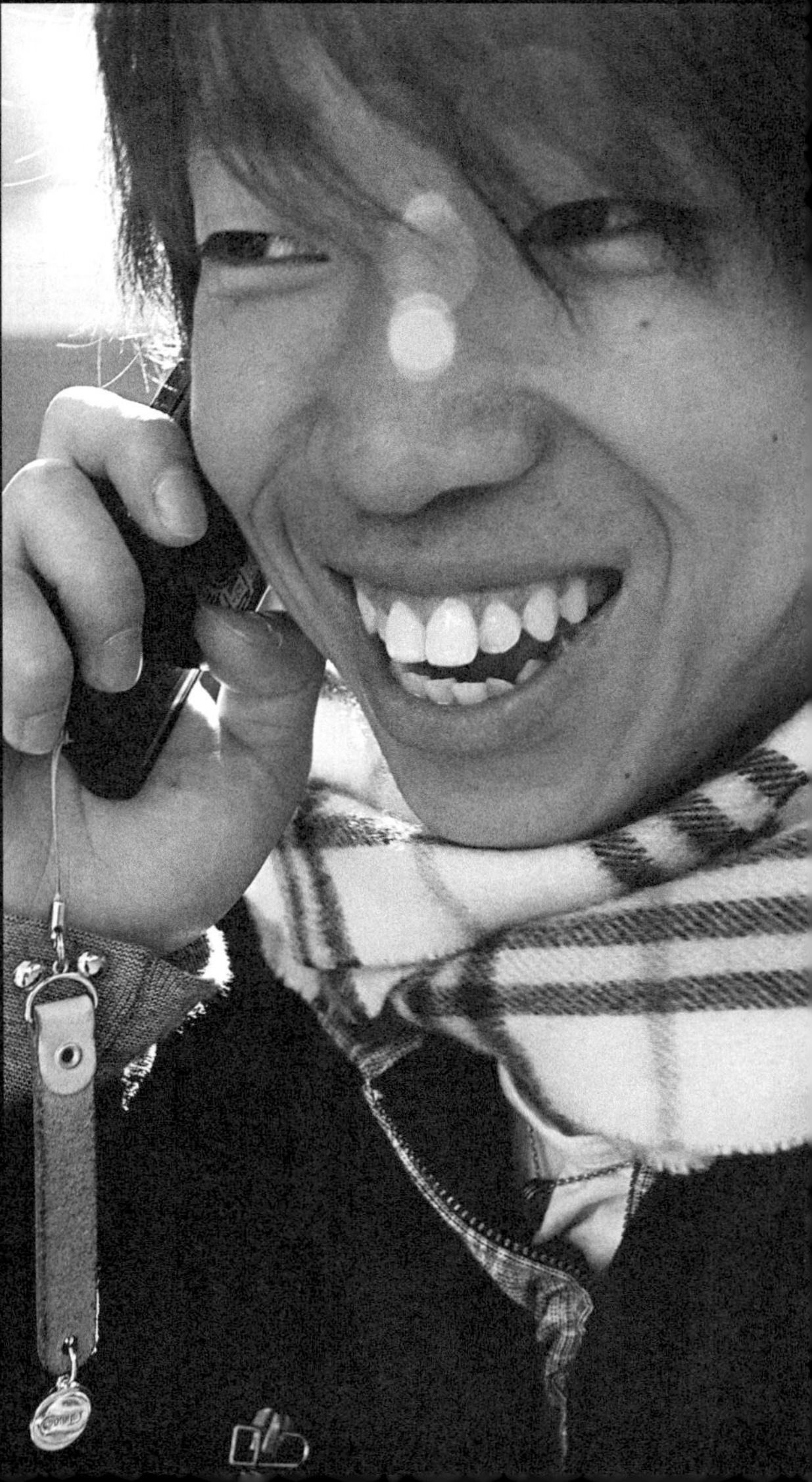

今の若者のコミュニケーション能力はかなり高い

過剰なまでに、若者がコミュニケーションにおいて気遣いするようになっていることについて、「はじめに」では、ファミレスで料理を頼めない高校生とセンター街の〝合いの手ギャル〟の例を挙げて説明しました。

この若者の傾向について、テレビでおなじみの杏林大学教授で国語学者の金田一秀穂《きんだいちひでほ》先生は、著書『適当な日本語』（アスキー新書）のなかでこう述べています。

「若者の国語力についてさまざまに言われますが、彼らは少なくともそれ以前の世代に比べて、コミュニケーション能力がかなり高くなっていると思えます。話すことが、格段に上手になっています。それは、言葉への柔軟な態度によるものです。決められた言葉遣いを必ずしも必要としないのだという、悪く言えば〝いい加減〟さは、コミュニケーション能力を伸ばし、物怖《ものお》じせず、元気に日本語を使いこなしているように思えます」

若者の厳密な意味での日本語能力は低下しているが、「相手の言わんとすることを理解し、自分の考えを相手に伝達する」という、コミュニケーション本来の目的に照らし合わせてみれば、若者のコミュニケーション能力は上の世代に比べて上がっている、と先生も感じられているようです。

内閣府の低年齢少年調査でも、「気の合わない人とも、話をすることができる」と回答する小中学生が増えつづけているという結果が出ています（２０００年の32・０％から、２００７年には41・９％に増加）。

先日、ある出版社の人事部の方と飲んでいたら、こんな話をしてくれました。

「私が長らく採用活動をしてきて感じるのは、毎年毎年、若者の面接のレベルが上がってきているということです。まだ学生とは思えないくらい、自己ＰＲや志望動機を理路整然と話しますし、急にちょっと意地悪な質問をしても、即座に対応できる子が増えています。昔であれば、黙ってしまう子も多かったと思いますが。でも、実際に採用してみたら、『あいつ、面接ではあんなすごいことを言っていたのに、まったくダメだった』なんてことも多いんですけどね……」

私は人事経験がないのでなんとも言えませんが、もともと話のうまい人が多そうな出版社の方のお話なので、信憑性《しんぴょうせい》がありそうです。

彼は、若者の能力全体が上がっている、と言っているわけではありません。面接などに代表される、反射神経が必要とされる対面コミュニケーションの能力がレベルアップしている、と言っているのです。

ひとりよがりな自己PRを、俺はすごいやつだと言わんばかりに話しまくるのではなく、面接官の顔色をうかがい、面接官が聞きたいと思っていることを察知し、面接官が答えてほしいと思うような回答をしようとする若者が増えているのでしょう。

もちろん、ある時期からコミュニケーションの重要性が社会全体で叫ばれるようになったことが彼らに影響を与えている、ということもあるかもしれません。

全国の大学で「コミュニケーション学部」が増えたり、約半数の大学が面接重視のAO入試を採用したり、患者と会話ができる医者を増やそうと面接を採用・重視する医学部が増えたり、小・中・高校でディスカッションやプレゼンテーションの授業が増えるなど、幼い頃からコミュニケーションに慣れる環境が整いつつある、という点も大きいと思います。

コミュニケーションが、いわば「環境（エコ）」や「健康」のような、流行のテーマになっているのです。

とはいえ、いくら教育や流行の影響があるといっても、本来であれば年齢や経験によってスキルアップしていくはずのコミュニケーション能力を、若者が若いうちから過剰に重視し、実際にうまくなっている人が増えているという現象には、違和感を感じる方も多いでしょう。

お嬢さまキャラから音楽キャラへの「キャラ変え」を提案する女子高生

ある企業から、シンポジウムでの講演を依頼されたときの話です。

そのシンポジウムでは、複数のスピーカーが順番に同じテーマについて講演することになっていたのですが、私以外の講演者はものすごく有名な大学教授ばかり。そんな偉大なメンバーの一員に加えていただき名誉なことではあるものの、私だけ知名度・実力とも完全に見劣りしていました。

困りました。来客の多くは大御所教授目的でシンポジウムに来る。私の講演だけ会場が空っぽになるのは避けたい。なんとか、「彼（原田）のことはまったく知らなかったが、話を聞いたら楽しかった」と言わせる方法はないものか……。

さんざん悩んだ挙句、大御所に張り合うには突飛《とっぴ》なことをするしかない、という結論に至りました。

そこで思いついたのが、セーラー服姿の女子高生を登壇させて一緒に講演する、というアイデアです。堅いシンポジウムのなかで一躍目を引くだろう。ふだん若者と接してないであろう来場者のおじさんたちは、若者の生の話を聞いてみたいという欲求に駆《か》られるはず！

セコイ目論見《もくろみ》が見事に当たり、私の講演にもたくさんのお客さんが集まりましたが、ここで私が言いたいのは、壇上における女子高生のコミュニケーションの態度についてです。

私はこれまで数多くの講演活動を行ってきましたが、何度やっても慣れることはなく、いつも緊張し、講演前にお腹が緩《ゆる》くなってしまいます。特にそのシンポジウムの前は、大御所たちの顔がちらつき、朝から何度もトイレに通いつめていました。

私の控室には一緒に登壇する女子高生たちもいたので、私は彼女たちの手前、極度の腹痛状態であることを必死で隠し、

「緊張するな、とは言わないよ。いずれこういった大きな舞台でも緊張しないで楽しめるように、今のうちからこういう経験をしておくことは人生の財産になるはずだから、今日で一生分の緊張を使い果たしちゃいなよ」

と、あたかも自分が平常心（腹？）であるような「上から目線」で、彼女らにアドバイスしていました。

いよいよ出番直前になり、私たちは舞台の袖《そで》で待機していました。カーテン越しに会場をちらっと覗くと、私の予想に反し、数百人の観客が集まっていました。「女子高生と話す」という、パンフレットに載せたキャッチコピーが効いたのでしょう。

さらに緊張が高まった私でしたが、必死に笑顔で「大丈夫だからね」と、女子高生のひとりひとりに声をかけました。

そんななか、メンバーのうちのひとりが、不安そうな顔つきで私に近寄ってきました。

「私、やっぱり怖い。おうちに帰ってもいいですか?」

そんな相談をされるものだと勝手に思った私はバカでした。

「大丈夫だって。僕がついているから」

返答まで瞬時に用意してしまった私は、本当に大バカ者でした。

彼女の口から出てきた言葉は、なんと……

「私、今日『何キャラ』でいけばいいですか?」

私は思わずずっこけそうになりました。

彼女曰く、今日いる女子高生のなかで、彼女（Aさん）と友達のBさんは学校もクラスも同じで、趣味やファッションやスタイルも似ていて、まわりの友達から「お嬢様キャラ」と言われるタイプ。

せっかくの講演の場なので、同じキャラがふたりもいては、聞く側もつまらないのではないか。加えて、若者に詳しいという看板で飯を食っているくせに、同じようなキャラの高校生しか集められないと、私の顔に傷が付くのではないか。だから、自分（Aさん）がガラッとキャラを変えたほうがいいのではないか、と提案してくれたのでした。

今回の場にかぎり、Aさんはお嬢様っぽさをなるべく出さず、音楽にハマっている「音楽キャラ」であることを前面に打ち出せば、ふたりのキャラは被らない。Aさんが「音楽キャラ」でもあることは事実なので、決して偽《いつわ》りの行為ではないし、観客もいろいろなタイプの高校生の話が聞けたとお得感が残るのではないか――。

数百人の前で話さなくてはいけないプレッシャーなど彼女には微塵《みじん》もなく、むしろ講演という場の空気を読み、自分の「キャラ変え」まで提案してきた度胸に、私は度肝《どぎも》を抜かれたのでした。

ケータイは「ポケットにむき出しの刃物を入れている気分」

シンポジウムの壇上でも、彼女たちのトークは冴《さ》えわたりました。

ここでいくつか、講演中に出てきた彼女たちのセリフを紹介しましょう。

「相手のメールの返信が早いとか遅いとか、文章が長いとか短いとか、そういう下らない話題は嫌だけど、本当に多いです」

「メールを送信する前に、他の友達に見てもらったりします。もうちょっと絵文字を入れたほうがいいかな？　怒ってるっぽいかな？　とか聞いて、推敲《すいこう》するんです」

「もらったメールで、『休み時間に〇〇教室に来てください』のあとに顔文字も絵文字もなかったら、『先輩、怒ってるのかもー』とか考えちゃう。ぜんぶ語尾が『。』でも怖い」

「メールの良い点は、遅刻欠席の連絡の楽さです。遅れる、ってメールを一本打てば済みます」

「高2のときにアドレスの登録人数が３００を超え、それ以降、仕方なくアドレス帳からばんばん削除することにし、今は常に５００件程度をキープするようにしています」

「友達と呼んでいいのか迷う関係が増えているから、『メル友』という言葉ができたのかもしれません」

「メアド（メールアドレス）は変更しやすいから気軽に人に教えられます。相手の電話番号を知っているかどうかが、本当に親しいかどうかの境界線です」

「私たちの世代は友達や知り合いが本当に多いので、『この子とはこの話題』って、人によって話題を使い分けるのがうまい」

「相手からメールの返信がこないだけで、嫌われたんじゃないかとか。メアド変更の知らせがきたから、まだ友達と思われているんだとか。ケータイを持つことは、常時ポケットにむき出しの刃物を入れている気分です」

「私はあまり外出が好きじゃないんです。だから、彼氏からのデートの誘いに乗らず、メールのやり取り1回をデート1回に換算していたら、突然フラれちゃいました」

「メールを推敲する」とか「電話番号を知っているかどうかが親しさの境界線」とか「ケータイはポケットにむき出しの刃物を入れている気分」とか「メール1回をデート1回に換算」とか、どれもこれも大人にとっては面白いセリフばかりではないでしょうか。

講演の場に合わせ、自分のキャラを瞬時に変え、大人にウケるであろうネタを取り上げて話す――彼女たちの話術に魅了された来場者から、たくさんの笑いや嘆息《たんそく》がこぼれるなか、講演は大盛況に終わりました。

「ダメなニート」を演じる夢追いニート

キャラ変えといえば、こんな話もありました。

私はマスコミの知り合いから、「○○な若者に取材をしたいので、話が聞ける子を紹介してほしい」と頼まれることがよくあります。

「××新聞の、ちょっと堅物そうな記者さんが、ニートの若者に取材したいんだって。君が夢を追うために一時的にニートになっていることはよく知っているんだけど、他に引き受けてくれそうな若者が僕の知り合いにはいなくて……。取材を受けてもらえないかな?」

ある新聞社さんからニートに取材をしたいという依頼を受け、私は知り合いのニートの男子にこうメールしました。

彼がニートであることは事実ですが、これだけ社会で非難されているニートの象徴として彼にインタビューの依頼をすることは、彼を傷つけることになるまいか。そんなことを考え、ためらいつつも、彼にメールしたのです。

すると、彼からすぐにメールが返ってきました。

「喜んで取材を引き受けます！　ちなみに、謝礼っていくらですかね？　ニートを取材したいという先方の趣旨からすると、きっと新聞社は無気力でニートになっている若者の姿を描きたいんだと思います。僕は志があってニートになってるつもりですが、テレビでよく見る感じの、親の脛《すね》をかじり、自室でパソコンばかりいじっていて、『やりたいこと？　特にないっす。働くのなんて嫌だし、自宅にいるのがいちばん居心地いいっす』なんて言っちゃうキャラになったほうが、記事の趣旨に合ってますよね？」

またまた、私は驚きを禁じ得ませんでした。

彼はニート代表としてインタビューを受けることに傷ついたわけではなく、むしろ新聞社の意図を汲《く》み取り、「自分以下の自分」を演じる、という提案をしてきたのでした。

謝礼の額も聞いてくるなんて、私がナイーブすぎるのか、それとも彼がすれているのでしょうか。

「フリ」というゾッとする作法

もうちょっとだけ似たような話を。

私があるギャル男君《おくん》にインタビューをしていたときのことです。

ちなみに「ギャル男」とは、1990年代後半に発祥したストリートファッションのひとつで（雑誌「メンズエッグ」が最初に提案したと言われている）、「ギャルの男版」という意味です。渋谷などによくいる、日焼けしていて茶髪の軽そうな男の子をイメージしてください。

インタビューの最中、彼のケータイがポケットのなかでぶるぶる震えているのに私は気づきました。

原田「インタビュー中だからって気にしないで電話に出てね」

ギャル男「そうっすか。じゃあ、すんません」

彼は電話に出ました。私としてもなるべく彼の生活を邪魔したくありませんでしたし、ちょっといやらしく聞こえるかもしれませんが、若者の電話の内容を盗み聞きするのも、実は調査の一環だったりします。

私は自分のケータイをいじるフリをしながら、彼の会話に聞き耳を立てました。

「オッケー。それはガチでやばいね～。なんとかしてみるから、待ってて」

こう言って、彼は電話を切りました。何の話かはわかりませんでしたが、インタビューを再開してしばらくすると、

「すんませんが、電話かけてもいいっすか？」

と彼が言い出しました。

もちろん承諾し、再び彼の電話に耳を傾けました。

「マジでさ、死ぬほど探したんだけど、みんな予定入ってるみたいで、やっぱ当日だと厳しいみたい。ダメだったわ～。マジでごめん！」

彼はこう言って、電話を切りました。

死ぬほど探した？

彼のセリフに興味をそそられた私は、「聞き耳を立てて悪かったんだけど、さっき君にかかってきた電話と、いま君からかけた電話は、ひょっとして相手は同じ？」と質問してみました。

するとと彼は、電話のやり取りの一部始終を私に解説してくれたのです。

まず、ふたつの電話とも、やはり同じ相手とのこと。かかってきた最初の電話の内容は、その夜にクラブで開催するダンスイベントのＤＪが急に体調を崩し、イベントに来られなくなってしまった。だから、ＤＪができる友人を探してほしい、という彼への依頼の電話。少し間をおいて彼からかけた2本目の電話は、友人たちに死ぬほど電話をかけてＤＪ候補を探したものの、残念ながら見つからなかった、ということを依頼主に告げる電話だったそうです。

「でも、実際はＤＪを探さなかったわけでしょ？　相手は君が探さなかったという事実を知らないと思うけど、少し不誠実なんじゃない？」

まだ店を出発していないのに、催促の電話をかけると「もう出ました」と言うそば屋の出前のように感じてしまい、ついつい説教モードになってしまった私でしたが、彼はため息をつきながらこう答えたのです。

「そもそも、イベント当日にＤＪっていう特殊なスキルがある人を探せ、って言うほうが不誠実です。実際に一生懸命探したところで、見つかりゃしませんよ。しかも俺、こいつとたいして仲良くないんすよ。こういうときだけお願いしてくるな、って怒ってやってもよかったんですけど、ガチで困ってるみたいだったし、お互いに気分悪くなるのもどうかなって。でも、こう対応してやれば彼は俺の友情を感じてハッピーだろうし、俺も探したフリという手間をかけて義理を果たしたんで、お互いによかったんじゃないっすか」

探したフリという手間——彼の考え方をよく表している名キャッチコピーではありますが、なんだか怖くなってしまったのは私だけでしょうか。

こんな後輩が自分の下にいたら、ゾッとしちゃいます。一見、自分の話に納得しているようにうなずいているのに、すべてがフリだったら……。

それに、私たち大人の感覚でいえば、嘘をついている現場を他の人に見られたら気まずく思うものですが、彼は堂々と解説までしてきます。こういったシチュエーションが、若者の間ではあたりまえのものとなっているのでしょう。

誠実の「誠」とは、文字通り「言ったことを成す」ことだと思っていましたが、どうやら彼にとっては、この「フリという手間」こそが誠意のようです。

「私はお父さんが大好き!」という大ウソ

こんな話もありました。

私があるテレビ番組の監修を頼まれたときの話です。その番組は、数人の若者のリアルな日常生活をドキュメンタリータッチで描くというものでした。

出演する若者を選ぶオーディションに、私も審査員として参加させてもらいました。審査員席で、若者の面接のレベルの高さに感心していた私でしたが、そんななか、ひとりの女の子が他の審査員たち(プロデューサーやディレクター)の心を釘付《くぎづ》けにしました。

彼女の見た目は、クラシカルで清楚《せいそ》なお嬢様タイプ。可愛らしく、世のお父さんたちが理想とする娘像といった感じでした。

「私は、お父さんのことが本当に本当に大好きなんです。お父さんが会社から早く帰ってくると、嬉しくて嬉しくて、疲れているお父さんを追っかけてつかまえちゃうんです。そして、その日あったことをたーくさん、たーくさん話しちゃうんです」

ちょっとぶりっ子だなあ、と斜《しゃ》に構えて見ていた私ですが、ふと横に座っている審査員のおじさんたちを見ると、全員の目がハートになっているではないですか！

若者の生態をよく知っている私としては、彼女の素《す》の姿が知りたいと思い、後日、彼女にインタビューを申し込みました。

すると案の定、インタビューのときの彼女は、オーディションのときのキャラとはまったく違い、私に本音を話してくれたのです。

「あのオーディションは真面目そうなおじさんたちが多かったから、〝可愛い娘キャラ〟が効くと思ったんです」

「お父さんは私のことが大好きなんです。でも、私は思春期ですし、本当はお父さんのことがあまり好きじゃないかもしれません。いろいろなモノを買ってくれるし、お父さんの望む娘の姿でいようと思っていますが、本当の私は、お父さんのことを『ただ私を育ててくれている人』くらいにしか思えていないような気がします」

彼女のお父さんに同情してしまうのは私だけでしょうか？

もっとも、彼女のお父さんは娘からの愛を確信し、気持ち良く生活しているかもしれませんが……。

ちなみに、オーディションの審査で彼女は満場一致で落選しました。理由は、あまりに素直で良い子なので、番組で取り上げる若者としてはインパクトが足りない。もっと変わった子を採用したほうが番組映えする、というものでした。

彼女はオーディションの場で、おじさんたちの個人的なニーズは読み取ったものの、番組作りのプロのニーズは読み取れなかったようです。もしおじさんたちが本当の彼女の姿を知っていれば、そして、インパクトという観点で合否を決めるのであればなおさら、彼女こそ番組に登場するのにふさわしかったんですけどね。

このように、シンポジウムでの女子高生といい、ニート君といい、ギャル男君といい、ぶりっ子さんといい、どうやら今の若者の間では、本当の自分を無防備にさらけ出す行為はタブーで、相手の表情や場の空気を読んで、相手の望むキャラになることが、マナーや礼儀作法になっているようです。

天下の副将軍と呼ばれた奥州の戦国大名「独眼竜《どくがんりゅう》」の伊達政宗《だてまさむね》が、「礼」について、「度をすぎた礼はもはやまやかしである」と言ったそうです。

もちろん、彼らの言動すべてがまやかしだと言うつもりはありませんが、少なくとも私たち大人は、彼らのこういった特性をきちんと理解し、彼らが本音を話しやすい場の空気作りをしなくてはなりませんし、彼らの言うことをそのまま鵜呑《うの》みにしてはいけないようです。

KY《ケイワイ》が今さら流行《はや》る不可解さ

ここ数年、そして突然と言っていいほど急に、若者の間で「空気を読む」という行為、すなわち読空術が、重要になってきているようです。

2007年の新語・流行語大賞でも、若者から生まれた「KY」(「空気が読めない」の略で、空気が読めない人そのものも指す)という言葉がノミネートされました。

今では、新橋の赤ちょうちんで飲むおじさんたちでさえ、日常的に使う言葉になっていますが、この「KY」という言葉がなぜ今の若者たちから生まれ、普及していったのかということについて、皆さんは疑問に感じないでしょうか?

「KY」と横文字で聞くと、一見いまの流行り言葉のような気がしてしまいますが、よく考えてみれば、これは昔から日本にあった「空気を読む」という慣習です。

1977年、山本七平《しちへい》氏は『空気の研究』(文藝春秋)を出版しました。

この本の内容は、日本には独特な「空気を読む」という文化があり、この「空気」は「まことに大きな絶対権をもった妖怪」で、ときにまったく論理的でない自滅的な意思決定を日本人にさせてしまうというものです。

この本が言うように、「空気」という妖怪は昔から日本社会に存在していました。そして、かつての「村社会」、あるいは「村社会的な文化」が残っていた時代には（少なくとも『空気の研究』が出版された1977年頃までは）、「空気を読む」という行為は、日本人の処世術のひとつでもありました。

ところが、日本が高度成長からバブル経済へ向かうなかで、自由や個人化が叫ばれ、核家族化や都市部への人口の集中による地域共同体の衰退もあり、「村社会」やそこで必要とされる「空気を読む」という慣習は徐々に廃《すた》れ、過去の産物となっていきました。

にもかかわらず、『空気の研究』から30年以上経った今、なぜか再びこの「空気を読む」という行為が、若者の間で重視され始めているのです。

「はじめに」でも述べたように、一見、気遣いとは無縁に思えるギャルでさえ、過剰に空気を読むようになっているのが実状です。

この現象について、前述の金田一先生は、著書のなかでこう書いています。

「いずれにせよ、空気を読むというのは、日本文化の非常に中心的な伝統的態度であって、それは今の若者に始まったことではありません。しかし今の若者は、大変日本人的な日本人であるということなのだと思います」

ギャルもギャル男も、日本の伝統文化とはほど遠い姿格好をしていますが、こと「空気を読む」という作法に関しては、私たち大人以上に「日本人的な日本人」だと、先生も感じられているようです。

少し話が変わりますが、私には団塊世代の叔父《おじ》がいます。

現在、60歳を超えた彼は、もともと学生運動上がりで、いまだに政治に強い関心を持ち、やれ近頃の政治家はどうだ、今回の選挙はこうだなどと、会うたびに持論を熱弁します。

たしかに、日本国民ひとりひとりがもっと政治に目を向けるべきだとは思いますが、相手がどんなに政治に関心がなくても、親族みんなで思い出話で盛り上がっていても、気がつくと叔父は政治の話を始めるのです。

場の空気なんてこれっぽっちも気にしておらず、マシンガンのように持論を発散し、気持ち良くなっている――悪い人ではないんですけどね。

かつてはこんなおじさんが、職場にも地域にも親戚にも家族にも、どこにでもいたのではないでしょうか？

金田一先生が指摘するように、こういった「KY」な団塊世代よりも今の若者のほうが、よっぽど昔ながらの日本人になってきているのかもしれません。

＊

それにしても、なぜ今の若者は日本人的な日本人に戻り、この30年で廃れたはずの「読空術」を使いこなすようになったのでしょうか？

つづく第2章では、この時代錯誤な「KY復活現象」の謎を解明する手掛かりとして、今の若者と切っても切れない関係にあるケータイと若者の関係について、じっくり考えていきたいと思います。

第2章 知り合い増えすぎ現象

——〝新村社会〟の誕生

今の10代は、14・24歳からケータイを持ち始めた

日本青少年研究所の調査によると、ケータイを自分専用で持っていると回答した日本の高校生は、ほぼ全員の96・5％で、6～8割台の回答だったアメリカ、中国、韓国を大きく引き離しました（「日本経済新聞」２００８年４月９日）。

国際比較すると、日本の若者とケータイは特別な関係にあることがわかります。

ケータイについて考えてみれば、日本の若者のユニークさが理解でき、日本の若者の間で起きている「ＫＹ復活現象」の謎を解明する糸口になるかもしれません。

これから紹介していく一連のデータは、全国の10代１４２０名と20代２２４６名、計３６６６名に聞いた、ケータイに関するアンケート結果です（ドコモ・モバイル社会研究所調べ）。

10代：14・２４歳
20代：16・７７歳

今の10代は、平均して中学２・３年生の14・２４歳、20代は高校１・２年生の16・７７歳で、ケータイを持ち始めました。

なお、小学生の場合、21・９％が自分専用の携帯電話を持っていて、学年が上がるにつれて保有率が高まり、６年生になると34・３％に達するようです（小学生については、２００８年４月発表のバンダイ「こどもアンケート」の調査結果）。

特に、塾からの遅い帰宅を心配する親が、子供にケータイを持たせるケースが増えていると言います。

中高生の恋愛は一通のメールから始まる

若者が幼い頃からケータイを持つことによって、彼らにどんな変化が起こったのでしょうか？　はたまた、読者の皆さんが中学や高校時代からケータイを持っていたとしたら、どんな生活を送っていたでしょうか？

彼らの変化を私たち大人が肌感覚で理解しやすくするために、私が中学生のときの淡《あわ》い思い出をひとつ紹介します。読者の皆さんも、自分が中学生、高校生だった頃を思い出しながら読み進めてください。

当時の私は、ある好きな女の子と仲良くなりたいと思っていましたが、彼女は私のひとつ下の学年で、全校集会や運動会などでしか一緒になる機会はありませんでした。部活も違ったし、彼女の所属しているテニス部は部活後に女子メンバー全員で下校するので、校門の前で待ち伏せしたとしても、話しかけることができません。

なんとしてでも彼女と接点を持ちたいと思った私は、彼女の自宅に電話をかけてみることにしました。

「もし彼女のお母さんが出たらどうしよう……」

そんなことをくよくよ考え、数日間、受話器に触ることすらできませんでしたが、ある日とうとう決心しました。彼女のお母さんが晩御飯をつくっていて、電話に出なさそうな時間帯にダイヤルを回したのです。

トゥルルル。ガチャッ。

「もしもし」

電話に出たのは、明らかに彼女の声でした。が、緊張のあまり、私は慌てて電話を切ってしまったのです。練りに練った戦略が見事的中したにもかかわらず……。

しかし、これが最後のチャンスだと自分を追い込み、再び彼女に電話しました。

トゥルルル。ガチャッ。

「原田です！　ぼ、ぼくと、交換日記してください！」
「娘の学校の友達かね？　娘になんの用ですか」
電話に出たのは、やたらと野太い声。お母さん対策は考えたけど、お父さん対策までは考えていなかった私は、慌ててまた電話を切ってしまいました……。

今から考えると、いきなり交換日記を申し出た私もどうかと思いますが（定期的に交流する機会を得るための浅知恵でした）、現在30歳以上の、思春期をケータイなしで過ごした世代の方であれば、おそらくこれと似たようなエピソードをお持ちでしょう。

しかし、当然のことながら、今の若者にはこういった経験がありません。初恋をする年齢にはすでに、彼らはケータイを持っているのです。

最近では、固定電話を家に敷《し》かず、個人個人で携帯電話を持つ家庭もあるそうですから、なおさらでしょう。

主人公Ａ「お前、Ｃ子のアドレス知ってる?」
親友Ｂ　「知ってるよ。教えてやるよ」（ＡにＣ子のメールアドレスを転送）

主人公A「Bから君のメアドを聞いちゃった。勝手にごめんね〜。今度、一緒にカラオケ行かない?」(AからC子へのメール)

C子「いきなりでびっくりしたよ〜(>_<)でも、喜んで!」

人から勝手にアドレスを聞いて好きな相手にいきなりメールを出すのは、さすがにちょっとはドキドキするのでしょうが、せいぜいこの程度のやり取りだと思います。

彼女のお父さんの野太い怖い声は、聞きたくても聞けません。

そもそも今では交換日記自体、なくなってしまっている可能性があります。

私が熊本でインタビューした女子高生たちは、メールのやり取りを長期間行うことで恋を育み、文面を見てつき合うに値する相手かどうかを審査するとのことでした。

「東京ラブストーリー」はもはやあり得ない世界

このシーンの他にも、過去のトレンディドラマにありがちだった恋愛の名シーンの多くが、今では成り立たなくなってしまっています。

予期せぬトラブルが起き、男が彼女との待ち合わせ時間に遅れる。しかし、遅れることを彼女に伝えられず、雨の中、何時間も彼女を待たせてしまう。
こんなシーンが今では――

彼女「どうして2時間も待たせるのよっ！」
彼氏「マジごめん～。遅れるってメール送ったんだけど、届かなかったぁ～？」
彼女「バリ3（ケータイのアンテナが3本立つ、電波受信の良い地域にいること）だから、届かないわけないいんだけど～」
彼氏「マジで～？　おかしいなあ、ずいぶん前にメールしたのに……」
（彼女のケータイが突然震える）
彼女「あ……遅れて今頃メール届いた。ごめーん。問い合わせ（届いていないメールがあるか問い合わせる機能）すればよかった～」

もし、こんなドラマがあったら、視聴者は興醒《きょうざ》めしてチャンネルを変えてしまうでしょう。
最近では、待ち合わせ場所も「渋谷のハチ公前」などと特定する必要はなく、大雑把に「渋谷」とだけ決めれば、ほぼ間違いなく会えるようになっています。

何かひとつのツールが普及すると、それまでになかったさまざまなシーンが生まれるとともに、過去の名シーンがなくなってしまうのは、必然的な出来事のようです。

ロミオとジュリエットのように、恋愛とは障害が大きければ大きいほど盛り上がるものですが、今では過去にあった障害は少なくなっています。「東京ラブストーリー」のようなすれ違いだらけのドラマは、ケータイがある現代ではもはや成り立たないのです。

若者がケータイを複数台持つ理由

アンケート調査では、今の10代・20代がひとり1・14台ケータイを持っていることもわかりました（ケータイを10台以上持っていると回答した異常値をデータから省いたうえでの平均値）。

最近では、仕事用ケータイを個人に支給する会社が増えていますから、40代のビジネスマンがケータイを2台持っている（会社支給のケータイと個人のケータイ）なんてことは珍しくはありません。

しかし、働いていない人も含まれる10代・20代が、平均すると1・14台ケータイを持っているのです。もちろん、彼らの全員が1台以上のケータイを持っているわけではなく、なぜかケータイを3台持っている子なんかが平均値を引き上げています。

街頭で若者にヒアリングしていても、ケータイを複数台持っている若者が思った以上にいることに驚きます。

ケータイを複数台持つ理由は、以下のようなものが多いようです。

ひとつ目の理由は「料金」です。

1台目のケータイは、相手を問わず連絡手段に使うケータイで、通話料金が高いのであまり通話には使われず、基本的にメールのやり取り・ネット・ゲームなどに使われます。

そして2台目のケータイは、同じケータイ会社同士の通話であればどれだけ電話しても基本料金しかかからないという定額料金制の通話専門ケータイです。長時間電話したい特定の相手がいる人は、料金がお得なのでこうしたケータイを選びます。

こうしたサービス・プランがないケータイだけだと、恋人同士の長時間にわたるラブラブトークが思う存分できず、メールだけのやり取りになってしまうか、長時間電話による高額料金を支払うはめになります。

ふたつ目の理由は「絆《きずな》の確認」です。

たとえばカップルなどが同じ会社のケータイを持ち、「私たちは互いに専用電話を持つくらい絆が強い」と愛を確認し合ったり、自分たちのラブラブっぷりをまわりの友達に見せびらかすようです。

もっとも、空気を読む世代でこんなことをやると、ちょっと「痛いカップル」と思われてしまう危険性もあるようですが。

ただ、せっかくラブラブ専用ケータイを持っても、カップルのマンネリ化が進んだり、また、高校生から大学生になってサークルやゼミなどに所属し、交際の幅が広くなっていくと、カップル専用ケータイを次第に使わないようになっていったり、2台のケータイを用途や相手によって使い分けることが面倒になってきたりして、2台のうち1台を解約してしまう子も多いようです（つまり、ケータイの複数台所持は一時的な現象であることも多い）。

三つ目の理由は「親対策」です。

親にケータイ料金を払ってもらっている人は、1カ月の支払い額の明細（ときには通話先まで）を親にチェックされるので、親に知られたくない相手（たとえば恋人）と通話やメールをするために、こっそりもう1台のケータイを自分で買う（この1台分のケータイ料金は自分で払う）、といった例もあるようです。

四つ目は「美的理由」です。

美的センスのない私にはさっぱりわかりませんが、ケータイ会社によって、絵文字の可愛らしさや表現できるニュアンスが大きく違うようで、自分が使いたい絵文字が打てる会社のケータイをメール専用ケータイとして使い、もう1台は通話専用として使う、といった人もいるようです。

最近では、可愛らしい絵文字を打つのが好きな草食男子も増えていますし（男同士のメールでハートマークを使ったりする！）、男女問わず、彼らにとって絵文字の可愛らしさやニュアンスは、必要不可欠なコミュニケーションツールになっています（巻末付録「ある男子大学生の《1週間、全送受信メール》をご覧ください！）。

ちなみに、ケータイを3台持っている子もいる、と前述しましたが、私が取材したある女子大生の使い分け方法は以下のようなものでした（彼女は親に内緒でキャバクラで働いています）。

1台目は一般の人とのメール専用（基本的に通話はしない）ケータイ（親公認で、親が料金を払う）、2台目は彼氏との通話専用ケータイ（親に内緒で、自分で料金を払う）、3台目はキャバクラのお客さんとの連絡用ケータイ（親に内緒で、自分で料金を払う）――。

私たち大人が学校へのケータイ持ち込みを禁止したところで、彼らは親や先生も知らない

2台目、3台目のケータイをこっそりと持っているかもしれないのです。

若者はケータイの画面で毎日、何を見ているのか？

つぎに、彼らがどんなケータイのサービスを使っているのかを見てみましょう。図1をご覧ください。

まずわかるのは、10～20代の平均値が、30～50代の平均値をほとんどすべての項目で上回っていることです。

つぎにわかることは、これだけケータイが悪者につるしあげられている時代なのに、いじめや犯罪に直結しそうな、いわゆる「有害サイト」の利用率が、思ったよりも高くないということです。

たとえば、「炎上」（自分のブログ等のコメント欄が多数のネガティブコメントで埋められること）などでよく話題になる「2ちゃんねる」は、10代の7・6％、20代の7・4％しか利用していません。

他のBBS・掲示板の利用率が18・3％（10～20代の平均値）なので、メディアや大人がよく槍玉《やりだま》に挙げる「2ちゃんねる」は、BBS・掲示板の象徴とは言えなくなっているよう

図1　世代別のケータイサービス利用率

（単位：%）

	10代	20代	30代	40代	50代	10〜20代平均	30〜50代平均
SNS	24.8	30.0	12.4	8.8	2.5	27.4	7.9
プロフサイト	14.7	2.8	0.7	0.6	1.2	8.8	0.8
自分のホームページ	14.3	4.2	1.2	1.3	1.2	9.3	1.2
自分のブログ	11.5	5.5	2.5	2.6	1.8	8.5	2.3
友達のホームページ	27.8	7.4	1.8	2.4	0.6	17.6	1.6
友達のブログ	17.9	9.8	4.4	2.9	2.5	13.9	3.2
他のBBS・掲示板	21.2	15.4	10.5	9.6	2.5	18.3	7.5
ゲーム（モバゲーなど）	18.2	27.9	23.8	14.7	11.7	23.1	16.7
オンラインショッピング	9.6	16.5	15.0	14.4	7.4	13.1	12.2
オークション	8.9	14.9	14.0	12.8	1.8	11.9	9.5
メールマガジン	24.4	22.6	25.1	26.0	25.8	23.5	25.6
無料音楽ダウンロード	57.1	42.4	30.8	27.6	22.7	49.8	27.0
2ちゃんねる	7.6	7.4	7.2	4.8	1.8	7.5	4.6
学校裏サイト	1.6	0.4	0.1	0.2	0.0	1.0	0.1
出会い系サイト	0.4	1.2	1.4	2.6	2.5	0.8	2.2
有料アダルトサイト	0.4	0.2	0.1	0.0	0.0	0.3	0.0
無料アダルトサイト	4.2	4.2	3.4	4.6	1.2	4.2	3.1
ギャル文字	1.6	0.5	0.2	0.0	1.2	1.1	0.5
小文字	7.2	4.2	1.6	0.8	3.1	5.7	1.8

です。

世間を騒がせている「学校裏サイト」も、10代の1・6%しか利用経験がありません。これまたよく批判される「出会い系サイト」は、10代で0・4%、20代で1・2%。「有料アダルトサイト」は、10代で0・4%、20代で0・2%。「無料アダルトサイト」は、10代・20代ともに4・2%でした。

どの数値も想像していたより低かったのではないでしょうか。

そんななか、数値がはっきり高く出たものとして、「無料音楽ダウンロード」がありました。これはつまり、違法な音楽ダウンロードサイトが掲載されているBBS・掲示板のことです。

10代の57・1%、20代の42・4%が、このサービスを利用したことがあると回答しています。

2008年12月24日の日本レコード協会の発表によると、2007〜2008年にかけて、携帯サイトで違法公開された楽曲ファイル（いわゆる「違法着うた」「違法着うたフル」）の推定ダウンロード数は、前年比11・8%増の4億714万回で、正式に有料配信された「着うた」「着うたフル」のダウンロード数・3億2900万回を上回ったとのことでした。

街でヒアリングをしていると、大都市や地方などの地域を問わず、多くの若者が音楽ダウンロードの違法サイトを使っていて驚かされます。

音楽に限らず、ゲームの海賊版も流行していますし、若者の間では「情報＝タダ」「エンタメ＝無料」という感覚が根付きつつあります。見逃してしまったテレビ番組を動画投稿サイトで見ることも一般化しています。

こうした行為は世界中どこの若者の間でも起こっている現象ですが、世界の若者がパソコンでこれらを行っているのに対し、日本の若者は、特に音楽を中心に、ケータイでも行うようになっているところが、独特な点と言えるかもしれません。

こうした状況なので、著作権が侵害されるとコンテンツ作成者の力が弱り、結果的に自分たちが面白いエンタテインメントを見られなくなることを、若者たちに啓蒙《けいもう》していく必要があります。

いずれにせよ、違法音楽ダウンロードの利用率は深刻であるものの、その他「有害サイト」の利用率が予想よりも高くなかったことは驚きでした。

もちろん、だからといって安心していいわけではありません。この種のナイーブな質問項目は、実際の数よりも回答結果の数値が低く出ることが多いのです。

アンケートの被験者が、たとえば「自分は無料アダルトサイトを利用したことがある」という質問に対し、「はい」とマルを付けてしまうと知り合いの誰かにバレてしまうかもしれないと深層心理で感じ、実際には利用したことがあるのにアンケート表ではマルを付けない、などということがよくあるのです。

街でのヒアリングの実感からいえば、ケータイの無料アダルトサイトを利用したことがある若者は、この数値以上にたくさんいると思います。パソコンでの利用も含めると、過半数以上と言っても過言でないかもしれません。

しかし、こうした諸々の問題を差し引いて考えても、報道で言われているほど「有害サイト」は使われていないことがわかりました。どんな学校にも「裏サイト」があるだとか、多くの女子高生が「出会い系サイト」を介して援助交際をしているなどといった極端なイメージに惑わされず、私たち大人は理性的、客観的に事実を把握していくことが必要でしょう。

若者にとって、ケータイは「人間関係ツール」

さて、この調査のなかでいちばん注目すべきポイントは、「若者の交友関係が幅広くなっている」点です。

「ミクシィ」や「グリー」などに代表される、紹介制会員サービスであるＳＮＳ（ソーシャルネットワーキングサービス）に所属している人は、10代で24・8％、20代で30・0％います。

「前略プロフ」などに代表されるプロフサイトに所属している10代は14・7％（20代は2・8％で、上の世代と大差ない）、自分のホームページを持っている10代は14・3％（20代は4・2％で、上の世代と大差ない）、自分のブログを持っている10代は11・5％（20代は5・5％で、上の世代と大差ない）でした。

また、「ゲーム（モバゲーなど）」も、SNS機能がついているものが多く、これを利用する10代は18・2％、20代は27・9％で、30〜50代の平均値16・7％を大きく上回りました。

なお、おじさんにはいまいちわかりづらい「SNS」と「プロフ」ですが、両者とも自分のホームページのようなもので、SNSが会員制で、設定次第では見せたい人にだけ自分のページを見せるようにすることができるのに対し、プロフは一般に公にされていて、誰でも検索して見ることができます。

これらSNS、プロフ、ホームページ、ブログ、ゲーム（SNS機能付き）は、基本的に「現在の人間関係を維持する」、あるいは「新しい人間との出会いを広げる」ためのツールだと言えるでしょう。

10代と20代の間に差の大きい項目もありましたが、基本的に10代と20代は、上の世代よりもこれらの数値が高い結果となっています。

「現在の人間関係を維持する」という点でいえば、たとえばこれらサービスの多くにはブログ機能やツイッター(「お腹減った〜」「今暇〜」などといった「つぶやき」のような短文コメントを書き込むことで、気ままにそのときの気分を他人と共有できるコミュニケーションツール)機能が付いていて、日々自分が何をし、どんなことを思っているかを書き込み、他の人間に知らせることができます。

誰かがブログやツイッターを書くと、それを読んだ友達はそのブログやツイッターにコメントを書き込みます。たとえば、「今、マジでへこんでる〜(落ち込んでいる)」とある人が書き込めば、友人たちは「大丈夫?」「相談に乗るよ〜」「頑張れ!」などといったコメントを書き込むのが、暗黙の了解なのです。

「新しい人間との出会いを広げる」という点でいえば、たとえば彼らは人と知り合うとすぐに互いのSNS内でのニックネームを教え合い、知り合ったあともずっとつながりを持つようになります。ミクシィでいえば「マイミク」になって、その関係が維持されるようになるのです。

なお、「マイミク（マイミクシィの略）」とは、ＳＮＳのミクシィ上で相互に友人関係の登録を行うことです。

たとえば、ＡさんがＢさんとマイミクになりたいと思ったら、Ｂさんのニックネームを検索し、Ｂさんに友達になりたいという意思表明である「マイミク申請」をメールで出し、Ｂさんがそれを承認すると、ふたりはマイミク（友達）になることができます。

マイミクになるとは、具体的にはＡさんのページにはＢさんが、ＢさんのページにはＡさんが登録され、「マイミクシィ一覧」という友達一覧ページにそれぞれが表示されるようになることを言います。なお、ＳＮＳによって、「友人関係」を指す呼び名は異なります（グリーでは「友だち」など）。

Ａさん「先日の文化祭で少し話したＡです。よかったら僕とマイミクになってください」
Ｂさん「いいですよー。よろしくお願いします！」

ネット上でのこういったやり取りを経て、彼らはつながりを構築していくのです。

以上のように、今の若者たちはこれだけ多くのいわば「人間関係ツール」を、有害サイトよりも多く、そして頻繁に利用しているのです。

知り合い増え過ぎ現象

では、「人間関係ツール」の普及によって、彼らはどれくらいの人間関係数を持つようになったのでしょうか？

図2のように、10代のケータイ電話帳には平均93・4人の人間が登録されています。

10〜20代の平均登録人数は114・2人で、30〜50代の平均143・9人には及びませんが、彼らがまだ若者であることを考えると、かなりの登録件数と言えるのではないでしょうか。

図2　ケータイ電話帳の登録人数（平均）

10代	93.4人
20代	135.0人
30代	139.6人
40代	159.0人
50代	133.3人

かつてであれば、経験やキャリアを積んだおじさんたちと若い10代・20代とでは、人間関係数（人脈数）にもっと大きな開きがあったはずです。

読者の皆さんも、自分が中学生や高校生だったときを思い出してください。いつでもどこでも連絡が取り合える友人が常時100人近くいるなんてことは、なかったのではないでしょうか。高校時代の私を例に挙げれば、すぐに連絡できる友人は、せいぜい2、3人のクラスメートだけでした。

さて、次に図3をご覧ください。これは、今の若者が所属している組織の数を示しています。

彼らがケータイに登録しているグループ数は、10代が平均6・6個、20代が7・4個でした（若者はケータイの「グループ機能」を利用して、登録する人を「クラス」「塾」「部活」など所属別・ジャンル別に分類していることが多い）。

図3

ケータイのグループ数（平均）

10代	6.6個
20代	7.4個

ケータイのメーリングリスト数（平均）

10代	6.2個
20代	4.7個

※30代以上はケータイのグループ機能やメーリングリスト機能を使用していない人が多いので、数値を測定していない。

また、ケータイに登録しているメーリングリストの数は、10代が平均6・2個、20代が4・7個でした（メーリングリストとは、複数人に同時に同じメールを送信することができるシステムで、特定のグループのメンバー全員に事務的な連絡をするときなどに使用することが多い）。

ひと昔前の高校生であれば、私がまさにそうでしたが、同じクラスの仲良し3人組でつるみ、朝から晩までそのメンバーとべったり過ごしていた、なんて人も多かったと思います。同じ野球部のメンバーとクラスメートくらいしか友達がいなかった、そんな10代も多かったのではないでしょうか。

しかし今の10代は、平均すると6、7個のグループに所属しています。つまり、同じクラスや同じ部活の友達だけではなく、いろいろなグループに所属するようになっているのです。

街頭で若者にインタビューをしていても、「隣の学校の友達」「塾の友達」「習い事の友達」「渋谷で出会った友達」「小学校時代の友達」「ボランティア活動をしている友達」「サークルの友達」「地元の友達」「友達の友達」「部活の遠征先で仲良くなった友達」など、実にいろいろな所属グループが彼らから挙がってきます。

彼らは、新しい人と出会うとすぐにケータイのメールアドレスやSNS等のニックネームを交換し合うことでつながり、「知り合い」の数を増やしていきます。

かつてであれば、多くは同じ組織内（クラス等）に限定されていた若者のネットワークが、容易に拡大するようになっているのです。塾や習い事などの学校外組織の範疇《はんちゅう》さえも超え、文化祭などでのちょっとした出会いなど、ほんのちょっと話す機会さえあれば、彼らは知り合いを増やしていきます。

これは東京だけではなく、地方の若者の間でも起こっている現象です。

先日、インタビューした兵庫県加古川《かこがわ》市の女子高生も、どこで会ったか、誰の紹介だったか覚えていない友達が多数いると話していました。

その友達とどうやって友達になるかといえば、たとえば彼女が駅前のゲームセンターで遊んでいるときに、たまたま学校のクラスメートと遭遇するとします。そのクラスメートは他の高校の友人（中学時代の友人）といましたが、一緒に混ざってその日を過ごします。長時間遊んで仲良くなったので、帰り際にメールアドレスを交換。そして次回は、仲介したクラスメート抜きで、クラスメートの友人と直接連絡を取り合って遊ぶ――こういったことをくり返して、新たに友達や知り合いを増やしていくのだそうです。

ビジネスマンが名刺を持っているように（パソコンで自分の名刺をつくる高校生や大学生も増えていますが）、今では若者も名刺機能を果たすメールアドレスやＳＮＳ内でのニックネームを持っているので、新しい人に出会うとすぐに名刺交換が始まると考えると理解しやすいかもしれません。

興味ない人、嫌な人には偽りのメアドを教える女子高生

ただし、あまりにも連絡先の交換や人間関係の拡大が容易になりすぎてしまっている状況

に、抵抗感を持っている若者も多いようです。

ある女子高生がこんなことを言っていました。

「会ってすぐにメアドを交換するのには抵抗があります。でも、ミクシィのニックネームを教え合うのだったら、あまり抵抗はありません」

出会ったばかりの人にケータイのメールアドレスを教えてしまうと、ひょっとするとその相手と性格が合わないかもしれないのに、しつこくメールがきてしまう可能性がある。そうした場合、自分のアドレスを変更することで相手から逃げることもできるが、他の多くの友人たちに変更したアドレスを教えなくてはいけないのは面倒臭い。

しかし、SNSのニックネームを教えるのであれば、向こうがマイミク申請してきても、相手と性格が合わなければ、承認せずに拒否することもできる。

どうして承認してくれないのかと聞かれたら、ふだんSNSをほとんど見ておらず、申請に気づかなかったと答えればいい（彼らが肌身離さず持っているケータイのメールであれば、気づかなかったから返信しなかったでは済まされない）。

こういった理由だそうです。

また、こんなことを言っている女子高生もいました。

「会ってすぐに、あまり興味のない人にしつこくメアドを聞かれるシーンがよくあります。そういうときは『偽りのメアド』を教えるんです」

興味ない男性からのしつこい誘いに対して、女性の間でよく活用されている方法のようですが、要は自分のケータイのメールアドレスをちょっとだけ間違って相手に教える、というテクニックです。

たとえば、ha-ra-da@ne.jp が彼女のアドレスだとしたら、ハイフンをわざと間違え、ha_ra_da@ne.jp という偽りのアドレスを相手に教えるのです。

こうすれば、相手が送ったメールが自分に届くことはありません。アドレスが間違っているのですから。万が一、相手と再会したとしても、ほんのちょっとの違いですから、単なる教え間違いだと相手に説明でき、角《かど》が立たなくて済むようです。

ビジネスマンも、会社の先輩にケータイ番号を教えるのは良いけど、メールアドレスまで教えるのにはちょっと抵抗があるだとか、得意先にはケータイ番号を教えたくないだとか、人によって、どの相手にどこまで連絡先を開放するか、ということを考えあぐねることがあると思います。

私たち大人よりも、幼い頃からネットワークが広がっている彼らは、ずっとこの面倒臭さと直面して過ごしているので、ある程度、対処法も持っているようです。

「友達の友達」と「友達の知り合い」を使い分ける人間関係

SNSやプロフ上で知り合った、実際には会ったことがないネット上だけの人間関係を持っている若者もいます。しかし、ネット上で知り合ってから、お互いに会わないまま関係が継続されることは、特別な理由がない限りは稀《まれ》なようです。

たとえば、ゲームオタク同士なら、オフ会（SNSの特定コミュニティに所属するメンバー同士が実際に集まること）などで実際に会わずとも、ネット上だけでゲームの情報交換をずっとつづけることがあるでしょう。しかしこの状況は、マニアでないと交換できない情報の持ち主同士だからつづくのです。

多くの場合は、ネット上で知り合い、しばらくやり取りをつづけるなかで、お互いの気持ちが盛り上がったら、意気投合して実際に会って友達か恋人になります。あるいは、最初はお互いに盛り上がったとしても、そのうちに会話が少なくなっていき、結局疎遠《そえん》な関係になってしまうかの二択のようです。

昔でいえば、ペンフレンドとの関係を思い出してみると理解しやすいかもしれません。最初はお互いに盛り上がっても、だんだん文通頻度が少なくなっていき、いつの間にか連絡を取らなくなってしまうか、盛り上がりがつづいた結果、実際にドキドキしながら会うか、どちらかだったのではないでしょうか。

このように、彼らの人間関係は、私たち大人同様、基本的にはリアルの場を前提としているのです。

「今の若者は会ったこともないネット上の友達と仲良くしている！」というよくある若者批判は、もちろん一部ではそういった関係も存在するものの、主流な人間関係とまでは言えません。

こうした状況下、私たちが注意しなくてはいけないのは、彼らのリアルな「人間関係」とは、必ずしも「親友」や「友達」を指すわけではなく、あくまで「（ただの）知り合い」や「（単なる）顔見知り」も多く含まれている、ということです。

ある男子高生がこんなことを言っていました。

「『友達の友達』と『友達の知り合い』とは違います」

彼らのネットワークは幅広くなっているので、親友、友達、友達の友達、友達の知り合いなど、ひと口に「友達」「知り合い」といっても、複雑な濃淡があるのです。

「絶縁宣言」をしないと、過去の知り合いと関係が途切れない

彼らにとっての人間関係の広がりとは、「新規」の人間関係の増加だけを指しているわけではありません。彼らは新しい人とつながりやすくなったのと同時に、過去の知り合いとは、関係が途切れづらくなっているのです。

今の若者は、ケータイを持ち始める中学生時点で、同じクラスの友人のみならず、他のクラスの友人や先輩、後輩とも、携帯メール・SNS・プロフを介してつながります。そして、中学を卒業し、高校に入学します。人によっては、中学生までは地元の中学に通い、高校生になると少し離れた地域の学校に通う子も出てきます。

かつてであれば、中学を卒業し、違う地域の高校に通い始めると、地元の友達とは徐々に疎遠になっていき、ごく親しい数人の地元友達とだけ関係がつづいていく——こんなパターンが多かったのではないでしょうか。

私も中学を卒業するとき、クラスの男子数人で肩を寄せ合って泣きました。そして、別々の地域の高校に通っても僕らは毎日会おう、と誓い合いました。ところが、高校に入学し、日に日に高校の友達との絆が強まっていくにつれ、中学時代の友達とは徐々に関係が希薄になっていきました。

そしていつの間にか、高校になってからもよく会う中学時代の友達は、肩を寄せ合って泣いたメンバーのうち、ごく一部だけになっていました。

ところが今の若者は、違う地域の高校に通っても、あるいは違う地域に引っ越したとしても、かつての友達と携帯メールやSNSでつながっているので、関係が途切れづらく、連絡を取り合います。

仮に頻繁には連絡を取り合わなくても、連絡を取ろうと思えばすぐに連絡が取り合える関係がつづくのです。

高校を卒業し、違う県の大学に入っても、これと同じことがつづきます。大学生になっても、中学や高校の友達との関係が基本的には途切れないのです。

過去の人間との関係が継続されるので、年齢が上がるにつれ、彼らの人間関係は倍々に増えていくとまでは言わないものの、それに近い広がりを見せることになります。

先日、ある大学1年生の女の子にインタビューを行いました。彼女がミクシィをやっていると言うので、「僕とマイミクにならない？」と提案すると、彼女にこう言われました。

「（少し嫌そうな顔で）べつにいいですけど……。でも私、マイミクが150人しかいなくて、自分のページを他の人に見られるのが恥ずかしいんです……」

彼女のSNSのページには150人もの友達が登録されているのに、この数だと「友達の少ないやつ」とまわりに思われてしまうというのです。

いくらネットワークが広がったとはいえ、大学1年生でマイミクが150人もいるのは、決して少ないほうではありません。彼女のまわりには、彼女よりも社交的で、友達が多い人間が多いのだと思います。

とはいえ、150人もの友達がいるのに、その数に引け目を感じてしまう子がいるほど、今の若者のネットワークは広がっているのです。

もちろん、さすがの彼らだって、一部の人とは関係が途切れてしまうこともあります。たとえば、ケータイをなくしたときなどに、そうした事態が起こり得ます。

しかし逆に言えば、こうしたトラブルが起こるか、はっきりと「絶縁宣言」でもしない限りは、彼らは基本的に人間関係を断ち切ることができないのです。

簡単に人とつながりやすくなったぶん、人と関係を切ることは、「あえて」を意味するたいへん恣意的《しいてき》な行為になっているのです。

こうしたつながりが面倒になり、いきなりＳＮＳから退会してしまう子も多いようですし、ある日突然思い立ち、相手に断りなく、自分のＳＮＳのページから友達を削除してしまう子もいるようです。

しかしながら、こうした絶縁行為は、広く絡み合った彼らのネットワークのなかですぐに他の人にも知れわたってしまうので、なかなか断行することはできません。

毎日40通近くものメールのやり取りにぐったり……

「若者に知り合いが増えたといっても、希薄な人間関係が増えただけでしょ？」と、大人は安易に考えてしまいます。

前述したように、彼らの間で広がっているのは「友達」と言うより「知り合い」なわけですし、高校時代に「モテない男3人組」だけで濃密な時間を過ごしていた私個人と比べると、今の若者は人間関係数が増えたぶんだけ、必然的にひとりあたりに費やす時間は減っています。

とはいえ、これをもって若者の人間関係が希薄化したと片付けてしまって、本当に良いのでしょうか。

図4

1日の送信メール数(平均)

10代	20.0通
20代	13.4通
30代	7.9通
40代	8.5通
50代	5.3通

1日の受信メール数(平均)

10代	24.4通
20代	17.9通
30代	12.2通
40代	12.3通
50代	7.7通

図4をご覧ください。彼らの1日の送信メール数の平均は、10代が20・0通、20代が13・4通。受信メール数は、10代が24・4通、20代が17・9通です。

希薄な人間関係が増えたといっても、彼らは平均して40通近くもの大量のメールのやり取りを毎日こなしているのです。

これらのメールには彼氏との楽しいやり取りなども含まれていますが、場合によっては、気の合わない相手との、義務的かつ苦痛なやり取りだって含まれているでしょう。

ある男子高生が、「最近、送るメールにももらうメールにも情緒がない」となげいていました。

どういうことかを聞くと、彼は中1でケータイを持ち始め、最初の1年間はケータイをいじるのが本当に面白く、中毒にさえなっていたようですが、中2になると、彼もまわりもだんだんケータイに飽きてきたそうです。

こうして味も素っ気もない事務連絡的なメールが増えていくなか、気乗りしないメールにも返信しないといけないという、ケータイに端を発した人間関係の義務や束縛だけが残る……。

彼らの「知り合い」との人間関係は、大人が思っているよりも案外、義務性と継続性を持っているのです。

また、相手からメールが届いたらすぐに返信すること（いわゆる「即レス」）が、彼らの間ではある程度守らなくてはいけないマナーになっています。バイトをしている間の数時間、ときとして返信できないことはあるにせよ、彼らは起きている間中、基本的にはケータイをずっといじっているわけですから、「ごめん、メールをもらったのに3日間気づかなかったよ」では済まされません。

即レスしないということは、返信しない意図があると相手に勘ぐられてしまいます。

私たち大人の状況に当てはめてみると、新年になってたくさん年賀状が届いているのに、まだ年賀状を書き始めてもおらず、焦っているシチュエーションと似ているかもしれません。

そんな気持ちを、今の若者は毎日感じて過ごしているのです。

お互いの家族構成すら知らないのに「うちらは親友」

さらに、彼らの人間関係が質的に変化している、ということも、私たちは知っておかねばなりません。

社会学者で、援助交際を行う女子高生にインタビューをつづけてきた宮台真司氏は、著書『日本の難点』（幻冬舎新書）のなかで、援助交際する女子高生を世代別に分けたうえで、２００１年以降から現在までの世代を「援交第３世代」と呼んでいます。

この第３世代の援交女子高生から、親友同士であるにもかかわらず、援助交際していることをお互いにバラさない傾向が出てきた、というのです。

この援交第３世代の最初の世代の人たちは、２００１年時点で17、18歳くらいでしたから、それから10年近く経った今、彼女たちは20代半ば〜後半あたりの年齢になっています。

つまり面白いことに、宮台氏の言う「援交第3世代」と、私がこの本で主役として取り上げている若者たちの年齢の区切りはだいたい一致し、今の20代後半くらいから若者の人間関係が変化したことが、援交という視点でも言えるようなのです。

援交に限りませんが、こうした仲の良い若者同士がお互いの核心に迫る情報を知らないという現象は、私もインタビューをつづけるなかで違和感を感じてきました。

この現象で重要な点は、宮台氏が気づいているかはわかりませんが、彼女たちが自分たちの援助交際の事実を、必ずしも互いに「隠している」わけではなく、ただ「言っていない」「聞いていない」だけということです。

たとえば私が仲良し女子高生ふたりにインタビューしたとすると、彼女らがお互いの家族構成や住んでいるところを知らなかったり、お互いの好きな男性のタイプは知っていても、現在どんな恋愛をしているのかは知らない、といったことがよくあります。

本人たちはお互いに仲良しだと認識しているのですが、上の世代の感覚でいうと、家族構成や住んでいるところなど、お互いの基礎的な情報を知らない者同士の間柄を、親友とは呼ばなかったと思います。

とはいえ、これをもって「若者の人間関係の希薄化」と断定してしまうのは、少し軽率かもしれません。

というのは、彼らがコミュニケーションシーンにおいて重視しているのは、「相手に兄貴がいる」「相手が東京都北区に住んでいる」など、あまり話が盛り上がらない「基礎情報」ではなく、「相手がジャニーズの追っかけをしている『追っかけキャラ』であること」「相手が神経質で几帳面な『A型キャラ』であること」など、会話が盛り上がりやすい「キャラ情報」だからです。

コミュニケーションを過剰に重視する彼らにとって重要なのは、相手が本当にA型かどうかではなく、A型キャラかどうかなのです。

宮台氏の援交女子高生の例でいえば、その子たちにとって重要なのは、相手が援助交際しているかどうかではなく、「ギャル男好きキャラ」や「パギャル（中途半端なギャル）キャラ」だったのかもしれません。

このように、彼らが友達ひとりひとりに費やす時間は、上の世代に比べるとたしかに減っていますが、彼らの知り合いネットワークに意外と義務性・継続性がある点、そして、必要とする情報が「基礎情報」から「キャラ情報」に変わった点を考えると、「若者の人間関係は希薄化している！」と安易に吐《は》き捨てることはできないのではないでしょうか。

若者がお酒を飲まず、物を消費しないのは、この巨大なネットワークのせい

先日、新聞を読んでいたら、「今の若者はお酒を飲まず、物も消費しない」という記事が載っていました。

たしかに、そういう傾向は間違いなくあると思います。

その原因としては、派遣問題に象徴されますが、今の若者の雇用や給与が不安定・不遇になっているので、消費したくてもできない人が増えている。あるいは、給料が定期昇給していく見込みが立たない（それどころか減ることもある）ので、まだ見ぬ不安な未来に備え、消費せずに貯蓄志向を高める人が増えている、といったことが挙げられるでしょう。

お酒に関していえば、かつてのような接待飲みが経費削減などで減ったこと、粘着質な企業風土が減ったことで会社帰りの飲みが少なくなったこと、縦社会が弱まり、会社の上司や部活の先輩からの飲みの強制が少なくなったことなども、理由としては大きいと思います。

若者のこうした行動には、以上のようにさまざまな社会の変化が要因としてありますが、彼らの巨大ネットワークの存在も大きな原因のひとつになっています。

前述したように、彼らは、私たちが10代、20代だったときよりも、継続性のあるたくさん

の「つき合い数」を持っています。20代の若手社会人であれば、上司との飲み会が減ったとはいえ、地元友達、中学友達、高校友達、大学友達とのつき合いは、ずっと継続されているのです。

ひと口に「高校友達」といっても、彼らには「塾の友達」や「先輩」「後輩」、「文化祭で会って仲良くなった友達」「友達の知り合い」など、知り合いのバラエティが多いので、人間関係をさばきつづけるのにお金と時間と労力がかかります。

昔であれば、会社帰りに毎日同じ人（同僚や上司）と、同じ赤ちょうちんの店でグラスを傾けながら会社の悪口を言うことができました。

しかし今の若者には、毎日決まったメンバーで深酒をする余裕なんてありません。もちろん人によって会う頻度や会う人のバラエティには差があるものの、ときとしてダブルブッキング、トリプルブッキングしながら、ひと口飲んだらつぎの会合へと、いろいろなグループの会合に渡り鳥のように顔を出す子もいるくらい、彼らの人間関係は広がっているのです。

ある20代男性が、「毎週、毎月会う友達ではなく、2、3カ月に1回会う友人がたくさんいる」と言っていましたが、これがまさに彼らの人間関係を言い表しています。

もちろん、大学生でいえば、テニスサークルやイベントサークルにおけるコール飲み（一気コールなど）、ノリの良い合コン（「ちゃらコン」と言うらしい）等で、たくさんお酒を飲むケースはいまだに顕在のようです。

が、逆に言えば、そういった無理を強《し》いる飲みの場でもない限り、彼らは多くの交際をさばくのに忙しく、大酒・深酒をしている時間的・金銭的余裕がないらしいのです。

しかも、「まずはビール」という習慣も少なくなっていますから、居酒屋ではなく、男同士でカフェに行くことも普通になっています。

お酒が飲めない高校生についても、前述したように、クラスの仲良し3人組でずっとつるむといった、過去にあったライフスタイルは減り、いろいろなグループとのつき合い（たとえば塾・バイトの集まりや文化祭の打ち上げ等）に出席しなくてはいけなくなっているので、ファミレスやファストフードやカフェやスイーツのお店など、「ファミレス的」なお店に行く頻度が、過去の高校生と比べると格段に高くなっている傾向があります。

このように、ネットワークが広い今の若者の支出総額に占める交際費の割合は、とても大きなものになっているのです。

しかも、交際人数・交際回数が多いぶん、1回の会合にかけられる支出額は必然的に少なくなるので、「単価低く、回数多い」外食が、若者の懐の大部分を占めます。

ですから、「高額商品（単価高く、回数少ない）」への支出は、なかなかしづらい状況になっているのです。

彼らは消費しない消費者と言われていますが、小さな消費を大量にしているというのが実態で、自分たちが持っている（持ってしまっている）たくさんのネットワークをさばくのに翻弄《ほんろう》されている消費者だと言えるでしょう。

「渋谷に行くと必ず誰かに会っちゃって面倒」という若者社会

さて、なぜ30年以上も前にあった「読空術」が、そしてこの30年間で廃れつつあったはずの「読空術」が、若者の間を中心に突如復活したのか？

この疑問に対する解答を、これまでの話を簡単にまとめつつ、考えていきたいと思います。

今の若者は、中学、高校時代からケータイを持ち始め、携帯メールやSNS、プロフなどを媒介とし、年齢が上がるにつれ、ネットワークをどんどん拡大していきます。

このネットワークは、「友達」だけではなく、「友達の友達」や「知り合い」が多数含まれる広いものです。

ただし、この広いネットワークの人間関係は、途切れづらく、意外と継続性があり、詳しくは次章で述べますが、ときとして大きな拘束力《こうそくりょく》や排他性を生み出します。

先日、ある男子高校生がこんな示唆に富む話をしてくれました。

原田「渋谷には、よく遊びに行くの？」

高校生「渋谷なんて行くわけないじゃないですか！」

渋谷なんて？　彼はハンサムかつお洒落で、友達も多く、オピニオンリーダータイプの人間です。大人がイメージするところの、渋谷が似合う男子の典型です。

原田「なんで渋谷に行かないの？」

高校生「渋谷に行くと必ず誰かに会っちゃうんで、いろいろ面倒なんすよ」

世界中どの国を探しても、東京ほど人口密集度が高い都市は少ないはずです。その大東京のなかでも、特に渋谷は、毎日何百万人もの人が集まる超巨大シティです。

そんな世界的な繁華街の渋谷で、たかが一高校生が歩いていると、必ず誰かに会ってしまうと彼は言うのです。芸能人か！　とついついツッコミを入れたくなる顔の広さではないでしょうか。

私は東京生まれ東京育ちの江戸っ子ですが、高校時代、渋谷にはほとんど行きませんでした。当時、渋谷は今よりも若者の情報発信基地だと言われていましたが、そんな渋谷に行くと、自分はトレンドについていけないんじゃないか、まわりの若者からダサいと思われるんじゃないか、そんな強迫観念があったからです。

渋谷に憧れを抱《いだ》いていたものの、憧れがゆえに行けなかった、という表現が正しいかもしれません。

渋谷に行くのが怖かった私と、渋谷に行くのが面倒な彼とでは、渋谷に行かないという行動は同じでも、行動原理がまったく異なります。

彼曰く、特に某ファミレスチェーン付近に行くと、知り合いとの遭遇率がほぼ100％だそうです。仮に運良く知り合いに会わなかったにしても、翌日学校に行くと、「昨日、渋谷で女の子と歩いてたっしょ？　新しい彼女できたの？」などと、クラスの誰かに言われてしまうとのこと。

クラスメートは、彼と共通の知り合いから、「渋谷であいつ、女の子と歩いてたよ」といった情報をメールでもらい、昨日彼が女の子と渋谷にいたことを知るようです。

文化祭などのイベントのたびにSNS上に知り合いが増え、知り合いが増えれば増えるほど、自分の情報が流通し、「なんで自分のそんな情報をあいつが知っているんだ！」と懐疑《かいぎ》心《しん》にさいなまれることも多いと言います。

もちろん、東京の若者全員が、渋谷で必ず知り合いに会うわけではありません。なかには、高校時代の私のように、社交性がなく、行動範囲が狭い若者もいますし、知り合いと出会いやすいエリアも人によって違います。

先日取材した千葉県柏《かしわ》市の男子高生は、柏のあるファストフード店付近に行くと、平日・休日を問わず、必ず知り合いに会ってしまうと言っていました。渋谷ほど巨大都市ではないにせよ、柏だって人口が40万人近くいる大きな都市なのに、です。

ちょっと失礼かもしれませんが、人口の少ない島根県や鳥取県であれば、繁華街の数や広さが限られているので、繁華街に行くと必ず知り合いに会ってしまう、なんてことは昔からよくあったと思います。

しかし今では、かつてこうした地方都市で起こっていた現象が、世界有数の大都市・渋谷でさえ、頻繁に起こるようになっているのです。

〝新村社会《しんむらしゃかい》〟の誕生

誰かと予期せず必ず街で出会ってしまう――。

こうした状況は、出会う相手によっては喜びを生むこともあるのでしょうが（偶然、好きな女の子と出会ったり）、イケメンの彼が、事実、渋谷に行かなくなっているように、基本的には息苦しい状況と言えます。

あまり仲が良くない知り合いとたまたま道端で会ったら、なんだか気まずいでしょうし、もし相手に気づかないフリをしたら、他の友達にそのことをメールで密告され、「感じの悪いやつ」というレッテルを貼られてしまうかもしれません。

ステディな彼女がいる男の子がたまたま友達の女の子と歩いていたら、本命の彼女にそれが伝わって、喧嘩になってしまうこともあるようです。

未成年なのに煙草を吸っている子であれば、煙草を吸っているシーンを誰かに目撃され、すぐに先生や親に証拠の写メールを送られてしまうかもしれません。しかも、誰が密告者か、特定できないケースも多いようです。

浮気や未成年の喫煙の例であれば、こうした状況はむしろ良いことと言えるかもしれませんが、いつも誰かに会うんじゃないか、バレるんじゃないかと、人目を気にしてびくびく過ごす「監視社会」の誕生は、精神的に不健全です。

この監視社会は、かつて日本にあった「村社会」と同じです。

いつも村人の誰かに見られ（ていると感じ）、まわりの村人と違った行動や目立ったことをすれば、すぐに村中の噂になり、ときに陰口を言われたり、鼻つまみ者にされてしまう。

若者の間にケータイによる巨大なネットワーク環境が生まれたことこそが、『空気の研究』から30年以上経った今、突如「読空術」が復活した理由なのです。

戦後の日本では、個人化、価値観の多様化、核家族化、都市部への人口流入が進み、それに従って、村社会が徐々に廃れていきました。

しかしここにきて、ケータイの普及をきっかけに、携帯メールやSNSやプロフを媒介に、若者が義務性と継続性のある巨大ネットワークを構築し、その結果、若者たちがお互いの顔色をうかがい、「読空術」により協調性を保たねばならないという、かつて日本にあった村社会のような状況が復活したのです。

しかも、この新しい村社会は、かつての村社会のように拘束力があるうえに、かつての村社会よりも人的規模が圧倒的に大きくなっています。

私は、この新しい村社会を「新村社会」と名づけました。
ケータイ悪玉論や、ケータイの学校への持ち込み禁止が叫ばれていますが、いちばん問題なのはケータイそのものではなく、ケータイの「有害サイト」でもなく、ケータイをきっかけに「村社会的な人間関係」が若者の間に復活したことなのです。

《調査概要》ドコモ・モバイル社会研究所調査より
回答期間：2008年4月22～28日
回答方法：ドコモ「プレミアアンケート」を利用し、i-modeにて回答
回答者属性：ドコモのケータイ利用者6000名（10代1420名、20代2246名、30代1518名、40代626名、50代163名、60代23名、70代4名。男性3046名、女性2954名）

第3章

村八分にならないためのルール

——新村社会の掟と罰

新村社会の掟《おきて》

新村社会には、かつての村社会でも必要とされた「空気を読む」という掟があります。村人たちは、決してこの掟に逆らってはいけません。これは「空気」と呼ばれるだけあって、姿形が無形の暗黙のルールです。

ここで、私たち大人が少しでも今の若者を理解するために、若者村の掟をいくつか覗き見してみることにしましょう。

《新村社会の掟①》愛想笑いを絶やしてはいけない

97ページにあるメール画面ですが、なんて書いてあるかわかりますか?

これは、あるギャルの女の子からもらった、彼女が友人に出した一通のメールです。いわゆる「ギャル文字」と呼ばれる書体で書かれていて、せっかくもらいはしたものの、私は一行たりとも読むことができませんでした。きっと読者の皆さんも同じだと思いますので、このメールの和訳(?)をお教えします。

「げんたゃん(ちゃん)、麻友C(ちゃん)。祝10カ月記念日!! おめでとォーナリ。いやぁ

〜もぉ2人が付き合って10カ月かぁ早いなァァァ。本当惚《ほ》れた負けだけど、これからも負けず頑張れよっ。美帆ゎ2人をずぅーっと見守っていまス。本当におめでとォー。美帆」

「乱れた日本語でけしからん!」と思った方も多いかもしれませんが、メールの内容をよく読んでみると、友達カップルを祝う気持ちが感じられ、彼女が意外といいやつのような気がしてきます。

♥゛✧。♥゛✧。♥゛✧。♥゛✧。♥゛✧。♥
♥レナ゛ω+ニゃω 麻友c♥
♪祝①⓪ヵ月記念日!!♪
✤ぉめτ゛とォ४ナリ✤
✧。♥゛✧。♥゛✧。♥゛✧。♥゛✧。♥゛✧。
レ」ゃ②〰もぉ↗②人が
付き合っτ♥①⓪ ヵ月♥
カゝぁ(✧。♥ω♥)〃　早レ」
+ょァァァ♪　本当惚れ+ニ負
レナ+ニ゛レナど、これカゝら
も負レナず頑張れよっ
美帆ゎ②人をずぅ४っと
見守っτレ」まス(◕∀◕)
♥本当レニぉめτ゛とォ〰♥
♡美帆♡

また、装飾に富んでいて、このメールを完成させるのに相当な手間暇をかけていることが容易に想像できます。70歳を超えた私の父であれば、このメールを完成させるのに数日かかるか、腱鞘炎《けんしょうえん》になってしまうかもしれません。

もっとも注目すべき点は、彼女が友達カップルの「10カ月記念」を祝っていることです。10カ月を祝っているということは、おそらく彼女は8カ月記念も9カ月記念も11カ月記念も同じようなメールを送ってお祝いしているのだと推測できます。

恐るべし気遣い。こんな労力のかかるメールを毎月送り合っているのですから、疲れ果ててしまうこともあるに違いありません。

ちなみに、このようなハードな「ギャル文字」を使うギャルはごく一部で、もう少し日本語に近い（？）ソフトなギャル文字を使う子が多数派のようです。

前出の調査結果（61ページ参照）では、ギャル文字を使用する子は10代でたったの1・6％でした。もう少し一般的な女子は、「小文字」という書体を使うようです（小文字を使う子は10代で7・2％、20代では4・2％でした）。


【小文字の例】

「もぉ眠いよぉ」「ってカ、まじヤバカッたしッ！」「ちがうょぉ～、読売新聞かぁ～」


これは、私が女子高生たちに小文字メールの例を送ってほしいとお願いして送ってもらったものです。この例のように、「もお眠い」の「お」を小さい文字にして「もぉ眠い」にするのが小文字です。それにしても、「ちがうょぉ～、読売新聞かぁ～」は、いったいどんなときに使っているんでしょう……。

どの文字を小文字に変換するかは、特に決まったルールがあるわけではなく、個人の感性によるそうです。マニュアルが存在しないので、私たち大人が小文字を習得するのは難しそうです。

「ギャル文字」にせよ「小文字」にせよ、普通の書体でメールを打つよりも、可愛らしさや親愛の情を表現できるし、言いづらいことを和らげる効果があるとのことです。

新村社会では、ただリアルな場の空気を読んで愛想笑いをするだけでは足りず、メールやブログの文面においても、愛想笑いを絶やしてはいけないのです。

《新村社会の掟②》弱っている村人を励まさなくてはいけない

今、若者の間で、「鬱《うつ》日記」や「病み日記」と呼ばれるブログやツイッターが流行っています。

これらは、つらい出来事が起こって、自分が落ち込んでいる（鬱状態になっている、病んでいる）様子を書いたものです。

ある20代前半OLの「鬱日記」を紹介しましょう。

「仕事でつらい日々が続いています。最近、死なない方法について、考えています。私を養って、ずっと遊ばせてくれる特殊な男性が現れない限り、私はずっと死にたいのだろう。だから今、安楽死を選ぶべきかも……」

医学統計的に若者の鬱病が増えている、という話をよく聞きますが、私は医者ではないので真偽の程はわかりません。

はっきりしているのは、症状として正式な鬱病と診断されなくても、何かショックな出来事があると、鬱日記や病み日記を書く若者が増えているということです。

彼らの間では、誰かが鬱日記を書くと、「大丈夫?」「負けるな〜」など、励ましのコメントを書き込むのが、ある種のマナーになっています。

たとえ相手が自分の苦手な人であれ、鬱日記を見て見ぬフリするのはあまりよろしくないことのようで、だから、鬱日記らしきタイトルの友達のブログには、なるべくアクセスしないようにする子さえいるようです。アクセスしてしまうと、自分がその日記を読んだ(のに励ましコメントを書かなかった）ことが、相手にバレてしまうからです（たとえばミクシィでは、誰が自分のページにアクセスしたか、「足あと」機能でわかるようになっています）。

大概のブログは、ここで挙げたほど深刻なものではなく、「私、最近鬱～」とか「今日、学校でへこんだぁ～」など、内容が詳しく書かれていない短文のものが多いようです。

その理由は、「多数の友人が自分のブログを見るから、深刻なことを書いてしまうと、見ている人を重い気持ちにさせてしまう。でも、自分が落ち込んだ状況であることだけは知ってほしい」という、彼らの複雑な心の表れだとか。

重い鬱日記を頻繁に書く人に対しては、多くの若者が本音では迷惑だと思うようです。

「鬱日記を見て矛盾を感じるのは、日記内で『自分は弱さを人には見せられない』なんて悩みを書く人が多いこと。だったら、鬱日記なんて書かなきゃいいのに」（18歳・男子高生）

「彼女に振られた友達が重い鬱日記を書いていたので、初めは慰《なぐさ》めのコメントを書き込んであげていた。でも、その後も毎日、彼は長文の鬱日記を書き続け、しかも同じような内容ばかりだったから、だんだん最後まで読むのが面倒臭くなっていった」（20歳・男子大学生）

弱っている村人を励まさないといけない掟がある一方で、自分の弱さを公に晒《さら》しつづける人、悩みの共感を強要しつづける人は、空気が読めない掟破りな村人とみなされ、まわりから徐々に距離を置かれていくようです。

励ます側も気を遣い、励まされる側も気を遣うなんて、結構たいへんな人間関係ではないでしょうか。

なお、彼らの間で鬱日記が流行るのは、彼らにとってネット空間が「サークル化」しているからです。ネット上は不特定多数の人に見られる公の場なのに、彼らはどうせ身内にしか見られないと感覚的に思っています。だから、まったくの他人に見られることは意識せず、鬱日記をブログに書いてしまう子が多くなっているのです。

地域社会の崩壊や世間体の消失により、自分に注目する他人は基本的にはいない、という感覚が、新村社会の住人を取り巻いているのかもしれません。

《新村社会の掟③》一体感を演出しなくてはいけない

「あれ、やばいやばいよね〜」

「やばいやばい！」

ある女子高生たちの間で、この「やばいやばい」という言葉が流行っているそうです。この「やばいやばい」の「やばい」には、ふたつの意味があります。前者の「やばい」は「very」という副詞。後者の「やばい」はすべての形容詞を意味しています。たとえば、「とても可愛い」という「very pretty」を表現するときは「やばい（とても）やばい（可愛い）」。もちろん、「とても怖い」も「やばいやばい」、「とてもキモイ（気持ち悪い）」も「やばいやばい」で、肯定的な意味にも否定的な意味にも使われます。

常に一緒にいるツーカーの間柄でないと、相手が何を指して「やばいやばい」と言っているのか、肯定否定どちらの意味なのか、絶対にわかりません。

「フェイク」という映画では、ニューヨークマフィア役のアル・パチーノが、仲間のマフィアと事あるたびに「forget about it」と言い合います。マフィアたちは「むかつく」も「寒い」も「殺してしまえ」も、すべてこの「forget about it」で言い表すのです。

「俺たちは親しいから、詳しく説明しなくてもわかるだろ?」

おそらくこういった理由から、この表現が使われているのだと思います。こんなニューヨークマフィアと同じ気持ちを、今の若者たちが抱いているのはたいへん面白い現象です。まわりからは絶対にわからない「身内言葉」が、若者の間で増産されるようになっているのです。

私が取材した東京都足立区のキャバ嬢の女子（20歳）は、はっきりとは表現しづらい下ネタを「ミッフィー」という言葉で代用するとのことでした。

ミッフィーとは、若者に人気のウサギのキャラクターで、口がバッテンであることから、この代用表現が生まれたのだと思います。たとえば、「今日、彼とセックスするんだ」を「今日、彼とミッフィーするんだ」などと使うようです。

新村社会では、過去の若者と比べると、ネットワークが広がりすぎたために、友達ひとりひとりに費やす時間が減っています。ひょっとすると彼女たちは、心のどこかで寂しさを感じていて、せめて一緒にいる場では相手と一体感を感じたいと思っているのかもしれません。

《新村社会の掟④》会話を途切らせてはいけない

今の若者の間で、すぐにメールの返信をする「即レス」がマナーになっている、ということを前述しました。

この「即レス」に関して、こんな悩みを打ち明けてきた女子高生がいました。

「どーでもいい人からのしつこい雑談メールは本当にうざいです。でも、なかなかやめることができない……」

たとえば、知り合いが暇をもてあましていて、「今、何してる?」というメールを送ってきたとします。でも、そのときの彼女は忙しく、また、メールの送り主にあまり興味がなかったとします。しかし、彼らの間で「即レス」はマナーになっていますから、即レスしないのは宣戦布告を意味します。村のなかで〝感じの悪いやつ〟と悪評が立ってしまうことだけは避けたいところ。

だから、彼女は忙しかろうが相手に興味がなかろうが、「今、自分の部屋でユーチューブ見てるよ」なんて返信をする（せざるを得ない）わけです。

できればこの1回の返信でメールのやり取りを終わらせたいと思っているわけですが、相手から再び「俺はテレビでお笑い番組を見てるんだけど、バナナマンってウケるね」なんてメールが返信されてきます。

相手にどんな返事を求めているかわからない困ったメールですが、彼女はこのメールにも返信しなくてはいけません。特に、メールの送り主が恋人の場合などは、忙しかったり気乗りがしなくても、無視するわけにはいかないようです。

返信しなかったり、返信が遅れたり、それなのにSNSにログインした形跡があって恋人の日記にコメントしなかったり……こうした理由で喧嘩が勃発することが、彼らの間ではよくあると言います。

どんな状況でも常に人の問いかけに反応しなくてはいけないなんて、たいへんです。ビジネスマンにこの状況を当てはめてみると、会社の廊下でたまたま嫌いな上司と会ってしまい、本当は話をしたくないし急いでいるのに、雑談を吹っかけられ立ち去れない状況と似ているかもしれません。

《新村社会の掟⑤》共通話題をつくりださないといけない

ある女子高生に、「最近、クラスで流行っている言葉は何?」と質問してみました。

すると彼女は「ブタフル」と答えました。

ブタフル……?

なんのことかわからず詳しく聞いてみると、「豚インフルエンザ(新型インフルエンザ)」のことだそうです。恐ろしい病気のわりに、なんだか可愛いネーミングです。

もちろんこれは全国的に流行っている言葉ではなく(結構流行っている地域もあるようですが)、あくまで彼女のクラス内での話です。彼女は、ニュースや時事ネタを短い言葉やちょっと可愛い言葉に加工し、クラスメートといつも楽しんでいるようです。

ここで注目すべきは、なぜ「時事ネタ」を選ぶのかという点です。もっと若者の共通語になりうる事象、たとえばファッションや芸能人、音楽に関する言葉でもよいのでは？

彼女が時事ネタを選ぶのには、まず前提として、彼女のクラスにはもともと共通話題があまりないという状況があります。ファッションにしても音楽にしても、みんなの好みがバラバラで、共通話題になるものが少ないとのこと。今の若者の趣味は、多様化・細分化しているのです。

数年前、１００人の10代に「好きな洋服のお店は？」「好きな歌手は？」「好きな芸能人は？」など、趣味・嗜好を聞くアンケート調査を行った際に、１００人から１００個以上の回答がそれぞれ挙がってきたのに驚いたことを覚えています。

団塊世代が小さい頃であれば、男子みんなが野球をやっていて、長嶋茂雄に憧れていたかもしれません。今の40代であれば、聖子派だとか明菜派だとかキョンキョン派だとか、好きなアイドルだったらいくつかの派閥しかなかったと思います。今の30代が小さい頃であれば、中山美穂が好きだとか、南野陽子が好きだとか、浅香唯が好きだとか、工藤静香が好きだとか……。

このように、昔であれば、数人のアイドルや有名人に人気が集約されていて、前日の「ベストテン」に出た歌手について翌日クラス全員で話していた、なんてことがよくある学校風景だったと思います。

ファッションについても、今の若者の趣味・嗜好は多様化しています。

たとえば、「ギャル」といってもたくさんの種族がいます。

「姫ギャル」「黒ギャル（肌の黒いギャル）」「白ギャル（肌の白いギャル）」「お姉ギャル」「パギャル（中途半端なギャル）」「キャバ系ギャル」「民族系ギャル（マンバ系ギャル）」「汚《お》ギャル（汚いギャル）」「ママギャル（ヤンママのギャル）」「ＬＡギャル（ＬＡファッションをしているギャル）」「ＪＫギャル（女子高生のギャル）」……。

私にはさっぱり違いがわかりませんが、若者の趣味・嗜好は多様化、細分化、個人化しすぎてしまい、クラスで話す共通話題が少なくなっているのです。

こうした新村社会においては、誰もが必ず知っている「時事ネタ」は、うってつけな共通話題になりうるわけです。

《新村社会の掟⑥》「正しいこと」より「空気」に従わなくてはいけない

ある女子高生が、こんなことを言っていました。

「音楽コンクールの練習をしているときのことです。自分たちの合唱を録音したテープをクラスみんなで聴き、上手くなった自分たちの歌声に聞き惚れていました。そんなときに、『ここの和音が汚い！』と言い出した男子がいました。

その瞬間、みんなはいっせいにどん引き。その後、みんなはなんとなく彼と距離を置くようになり、それにしたがって、彼も同じような発言をしなくなっていきました。

彼の言ったことが仮に正しかったとしても、この発言は明らかにＫＹです。みんなで酔いしれている場なんだから、彼も酔ったフリをするべきだったんです。

どうしてもその和音が気になるなら、その場でその話をするのではなく、しばらく時間が経ってから、『ここの和音だけ直せば、優勝間違いなしだね！』と前向きに言い換えていれば、むしろ彼はヒーローになれたかもしれません。

ＫＹとヒーローとの境界線は、そこにあると思います」

新村社会では、場の空気に逆らった発言をすることはタブーです。発言が正しいかどうかではなく、その場の空気に合っているかどうかが重要視されているからです。

逆に言えば、その場の空気を乱さないがために、間違った意見を言うシーンもあるということです。

山本七平氏の『空気の研究』には、こんなシーンが描かれています。第二次世界大戦中の、戦艦大和《やまと》の出撃を決断するかどうかの重要な会議の様子です。

「(前略) 大和の出撃を無謀とする人びとにはすべて、それを無謀と断ずるに至る細かいデータ、すなわち明確な根拠がある。だが一方、当然とする方の主張はそういったデータ乃至《ないし》根拠は全くなく、その正当性の根拠は専《もっぱ》ら『空気』なのである。従ってここでも、あらゆる議論は最後には『空気』できめられる」

そして、最後まで大和の出撃に反対していた伊藤長官という人の対応について、こうつづけます。

『陸軍の総反撃に呼応し、敵上陸地点に切りこみ、ノシあげて陸兵になるところまでお考えいただきたい』といわれれば、ベテランであるだけ余計に、この一言の意味するところがわかり、それがもう議論の対象にならぬ空気の決定だとわかる。そこで彼は反論も不審の究明もやめ『それならば何をかいわんや。よく了解した』と答えた。この『了解』の意味は、もちろん、相手の説明が論理的に納得できたの意味ではない。それが不可能のことは、サイパンで論証ずみのはずである。従って彼は、『空気の決定であることを、了解した』のであり、それならば、もう何を言っても無駄、従って『それならば何をかいわんや』とならざるを得ない」

出撃が失敗に終わることがわかっていた伊藤長官でしたが、根拠がある自分の意見よりも、その場の空気を優先したというエピソードです。

そして、こう文章はつづきます。

「われわれは常に、論理的判断の基準と、空気的判断の基準という、一種の二重基準《ダブルスタンダード》のもとに生きているわけである。そしてわれわれが通常口にするのは論理的判断の基準だが、本当の決断の基本となっているのは、『空気が許さない』という空気的判断の基準である。大和の出撃はそのほんの一例にすぎない」

山本氏が言うところの、明らかな誤りであった戦艦大和出撃の判断のような決断が、この新村社会でも行われるようになっているのです。

《新村社会の掟⑦》コンプレックスを隠さなくてはいけない

編集者の柿内さんと、群馬県の高崎市の街頭で若者に声かけ調査を行ったときのことです。たまたまゲームセンターで男子高校生3人（高校1年生）を捕獲し、ファミレスでご飯を御馳走しながら、いろいろな話を聞いてきました。3人とも女子校の文化祭帰りだそうで、結局女子に話しかけることができなかったようですが、女の子をナンパする目的で行ったとのことでした。

3人のうちのひとりがマスクをしていたので、「風邪ひいているの？」と聞くと、なんと伊達《だて》マスクだそうで、彼は健康であるにもかかわらず、毎日マスクをして学校に通っているとのこと。それどころか、メガネも伊達だそうです。

彼は、昔のヤンキーのように、ファッションや自己主張のためにマスクやメガネをしているわけではなく、伊達メガネと伊達マスクを身につけていないと、恥ずかしくてクラスの女子と話ができないから、毎日その格好をしているそうなのです。

驚いたことに、彼らの学校には、こういった「マスクマン」が他にも数人いるとのこと。女子と話すのが恥ずかしいという、昔ながらのシャイな思春期の男心と異常な自意識がなんだか可愛く思えました。

さて、インタビューの内容が恋愛の話になったときに、彼ら3人が過去につき合った人数がそれぞれ5、6人であることがわかりました。

高校時代に女性とつき合った経験がない私は、SNSや携帯メールの普及で、異性とのつき合いのハードルが純情な地方部でさえ下がっていて、高校1年生にして5、6人とつき合う状況があたりまえになっていることに驚いたわけですが、しかしよくよく考えてみると、5、6人とつき合った経験があるのにもかかわらず、女子と話すのが怖くて伊達マスクと伊達メガネをしているマスクマンの彼に、強い違和感を覚えました。

それに、伊達マスクと伊達メガネ着用で文化祭にナンパに行くという行為は明らかにおかしい。

ここからの話は直接彼に確かめることはできませんでしたが、マスクをしていない他のふたりの男子は、過去に5、6人の女性とつき合った経験が本当にあるのかもしれませんが、マスクマンの彼は恋愛経験がまったくないのではないか、と私は直感的に感じたのです。

前述したように、異性とつき合うことが昔よりも簡単にできるようになった若者の間で、まわりの友達がどんどん彼女をつくっていくというプレッシャーのなか、異性が苦手で不器用な男子は昔よりも生きづらくなっている可能性があります。

昔であれば、奥手の男同士つるむという逃げ場がありましたが、今はクラスの男子が恋愛話で盛り上がっているときに、「俺はつき合った経験がないんだよ」と言えばＫＹになってしまいます。

どんな場でも空気を読み、まわりに合わせないといけないので、本音では女子が苦手でも、友達に誘われれば女子校の文化祭にナンパ目的で行かないといけないし、つき合った経験がなくてもまわりに合わせて経験があるフリをしなくてはいけない。でも、まだ若いし素直なので、女子が得意なフリを心からすることは苦痛だ……そんな彼の心の苦しみが、伊達マスクと伊達メガネに現れているのではないでしょうか。

取材が終わったあとに、こちらから聞いたわけでもないのにマスクマンがわざわざ私に近寄ってきて、

「俺は童貞じゃありませんから！」

と強い口調で言ってきたのが印象的でした。彼が日々受けている強いプレッシャーを表しているように感じられたのです。

「ひょっとしたら女性とつき合った経験がないんじゃないの？」と彼に対して思っていたことを、インタビューの最中に私の表情から読み取ったのかもしれません。

群馬の中心で〝童貞じゃない！〟と叫ぶマスクマン。

親友同士であっても、自分のコンプレックスや悩みを打ち明けられず、場の空気に合わせないといけない――私は、新村社会で思春期を送らなくてよかったとしみじみ思いました。

《新村社会の掟⑧》「だよね会話」をしなくてはいけない

ある大学生の男子に「君たちの会話のなかで定番のテーマって何？」と聞いてみました。すると、「将来」についての話だと彼は答えました。

特に「結婚」「子供」「老後」といったテーマを、彼らは話題としてよく選ぶようです。

なぜ、本来若者に関係なさそうな遠い将来の話をするのか？

答えは、遠い将来の話でないといけないそうです。彼らがリアルに直面している重い話題ではなく、ある種無責任な遠い将来の話題であれば、互いにぶつかることもなく、というか議論にすらならず、相手のどんな意見でも尊重できるからだそうです。

ここでのポイントは、「議論にならない」という点にあります。

たとえば、自民党支持か民主党支持か、新興宗教は是か非か、といった話題であれば、必ずどちらかに立場が分かれ、議論になります。政治や信条の話になれば、深い対立に発展する可能性もあるし、「この人と私は違うんだ」ということを強く認識することになってしまいます。場の空気は悪いものになってしまうでしょう。

ところが、「どんな将来が理想？」という遠い将来の話題であれば、人によっては「お金持ちと結婚して、子供を10人産んで、六本木ヒルズに住んで……」と言うかもしれませんし、「外国人と結婚して、海外に住んで、海の見える一戸建てに住みたい」と答えるかもしれません。それらはあくまで個人の理想ですから、どんな意見も自由ですし、対立や衝突は起きません。相手に腹が立つことも少ないでしょう。

まだ大学生の彼らにとって「就職」までは近い将来の出来事ですが、その後の話はまったく現実味のない遠い将来の出来事なので、いくら妄想しても良いわけです。

「子供は３人欲しい」とある女の子が答えたとすると、「だよね。でも３人産むってことは、20代のうちに結婚しないといけないよねー」「だよね〜。ところで、３人兄弟と３人姉妹だったら、どっちがいい？」などと返せば良く、会話をつなげやすいという側面もあります。

村人たちは、お互い傷つけることなく、ギスギスすることなく、「だよね」と互いに共感しながら、現実的でない将来を意図的に語り合っているのです。

《新村社会の掟⑨》恋人と別れてはいけない

ある大学2年生の男の子がこう言っていました。

「彼女と別れたくても別れられないんです……」

彼は若者のなかでもネットワークが格段に広く、イケメンでモテそうなタイプなので、「別れたって君ならすぐに他の彼女ができるんじゃない？」と言うと、「そういうことじゃないんです！」と一蹴されてしまいました。

新村社会では、彼女も彼の友達とつながってしまっています。だから、彼が彼女を振れば、すぐに多くの友達（男女問わず）にその情報が伝わり、「なんで別れるの？」「考え直せよ」と、まわりから強い圧力を受けることになります。

仮に彼女が「ひどい振られ方をした」などとまわりに言えば、彼は言い訳する場もなく村の悪人になってしまうのです。

ある男子は、浮気してある有名女子校の女子を振ったため、その女子校には永遠に行けない体になってしまったと、真顔でなげいていました。

悪い噂が流れれば、他の女友達からつぎの彼女候補を紹介してもらうこともできなくなります。仮に彼女ときれいに別れられたとしても、今後も元彼女とつながりつづけるので、新しい彼女にも過去の情報が伝わってしまうかもしれません。なんとかして悪い情報は消し去る必要があるわけです。

だから、彼は彼女と距離を置き、彼女から振ってくるのを首を長くして待っているとのことでした。

このように、新村社会では「別れるリスク」が大きく存在するようになっているのです。

こうした状況下、彼らの間でもっとも悪い遊び人とは、サークルなどの組織内であえて火遊びを楽しむ人だそうです。

よそで火遊びをするとすぐに情報が出回ってしまいますが、同じサークル内であれば、被害に遭った女性と毎日顔を合わせるので、彼女はまわりの友達に被害状況を言いづらく、情報が出回るリスクが軽減されます。それを知っていて手を出すわけですから、「極悪人」なのです。

「自己紹介が長い人はありえない」「5分おきにメールを送る人はダメ」

新村社会には、他にもいろいろな掟が存在します。アンケートで挙がってきた、彼らの生の声をいくつか紹介しましょう。

「大人数でカラオケに行ったときに、みんなが盛り上がる曲を歌わないといけない。まったりしたバラードやＥＸＩＬＥなどのモテ曲を歌うのは良くない」（18歳男）

「盛り上がっている飲み会で、その場のノリに合わせて一発芸ができない人はダメ」（20歳女）

「みんな授業を早く終わらせたいと思っているのに、先生に質問をし始める人はＫＹ」（16歳男）

「いい感じの男女が『一緒に○○に行こうよ！』と盛り上がっているときに、『俺も行きたい！』と無邪気に会話に入っちゃう人はバカ」（24歳女）

「みんな仕事がたいへんなのに、ひとりだけ『自分はたいへん』って口に出しちゃう人はどうかと思う」（26歳女）

「さんざん愚痴った挙句、『けど、私が悪いよね』って言う女は最低。『それは違うよ』と面倒なフォローをしなくてはいけない」（16歳男）

「可愛くないくせに『ミクシィに私の紹介文書いてね』と言ってくる女。仕方がないので、『フンイキが可愛い』と書くことにしている」（17歳男）

「初対面のとき、自己紹介がやたらと長い人はありえない」（21歳女）
「まわりが受験モードで不安ななか、早くも合格し、バイト探しの話をしたり、遊びにいこうよと受験生を誘う人は最悪」（18歳男）
「みんなで食べ放題のレストランに行っているのに、ひとりだけダイエットとか言って食べない子はありえない」（16歳女）
「メールの返信がちょっと遅れただけで5分おきにメールを送ってくる人はダメ」（20歳女）
「あえてメールを無視してるのに、気づかずにご飯に誘ってくる男は嫌」（18歳女）

いかがでしょうか？　新村社会の掟を肌感覚で理解していただけたでしょうか？　なかには噴き出しそうになる掟も、大人には理解できない掟も、「社会人より気を遣ってるんだな」と同情してしまうような掟もあったかもしれません。

しかし総じて言えば、私たちの想像の域を超える掟は少なく、むしろ原則的な日本社会のルールに合致するものが多かったのではないでしょうか。

新村社会の誕生が、戦後の個人化・多様化の流れとは逆行し、今の若者をむしろ日本人らしい日本人へと回帰させている側面があるようです。

過剰に気を遣い合う渋谷のギャルより、いまだに個人の自由を謳歌《おうか》しているアラフォー女性のほうがよほど日本人的でないかもしれませんね。

「キャラ立ち」というプリズンブレイク

こうした厳しい戒律がある新村社会ですが、掟破りが許されるごくわずかな村人が存在します。

ひとつ目のタイプは、数としては少数派ですが、ケータイを持っていない村人です。ケータイを持っていなければ、村のしがらみが断ち切れます。誰かがブログで悩みを書こうと、堂々と「知らない」と言えるのです。

ただし、自分の知らないところで自分の悪い噂や陰口が出回っていても、気づくことができないというデメリットがあります。

今の若者のなかには、村人との断絶を選び、本当はＳＮＳに入っているのに入っていないフリをして過ごす人も結構いるようです。

さて、もうひとつのタイプは、「キャラ立ち」という手法を取る若者です。

たとえば最近、関西人でもないのに、自分のことを「うち」と呼ぶ若者が首都圏で増えています。これは、お笑いブームによって関西芸人をテレビで見る機会が増え、影響を受けている若者が増えている、ということだけで片づく話ではありません。

これは、今の若者の間で「キャラ立ち」が重要になっている証《あかし》と言えます。

幅広いネットワークのなかで、まわりから認められるキャラを確立してしまえば、「こいつは○○キャラだから……」と、言動の多くが認められるという特権を得られるのです。

たとえば「オレオレキャラ」を確立してしまえば、自分に酔いしれたナルシストな発言をしても、あいつは「オレオレキャラだから……」とKY扱いされずに済みます。「ぶりっ子キャラ」を確立してしまえば、本来であれば女子に嫌われるぶりっ子をしても許されます。自分のことを「うち」と呼べば、「関西キャラ」になることができるわけです。

先日取材した女子高生は、「介護キャラ」と名乗っていました。学校帰りに毎日おばあちゃんの家に行き、介護を手伝う優しい子なのですが、こう自称されるとなんだか抵抗感を覚えてしまいます。しかし、まわりから「介護キャラ」だと認知されれば、学校帰りにみんなの集《つど》いに行かずとも許されるわけです。

ある東京の若手社会人は、自分のことを「島根キャラ」と言っていました。彼は休みができるたびに、ひとりで「島根」に行くのだそうです。

理由を聞くと、「島根が大好きだから」ではなく、島根にひとり旅する友達なんていないので、まわりから珍しがられて会話がはずむからだそうです。そんな選ばれ方をしている島根県の住民は、複雑な心境でしょうが……。

熊本市のある男子大学生は、奇抜な洋服を買うのにバイト代のすべてをかけていました。田舎では目立ちに目立ってしまうので、熊本市ではちょっとした有名人になっていて、街行く人から「シルクのガウンを着て寝るんですか?」などと質問されたり、スーパーのバイトの最中にお客さんから写メールを撮られたりするようです。

しかし彼は「洋服キャラ」を確立していることに満足していて、SNSなんかやらなくても不安がないと誇らしげに語っていました。

彼らのなかには、意図的に寒いことを言いまくったり、空気を壊しまくったりして、「KYキャラ」になる子さえいます。

これが実は最強のキャラであって、大概のことは許されるトランプゲーム「大貧民」のジョーカーのような存在です。ただし、運良くKYキャラになれれば良いのですが、失敗するとただのKYになってしまうので注意が必要です。

いずれにせよ、彼らがこれほどまでにキャラを獲得したいと思うのは、それが新村社会で居心地よく生きるためのプリズンブレイクになるからです。

彼らのSNSのページを見ても、プロフィールや所属するコミュニティで一生懸命自分のキャラを説明している人が多くいます。

取材したある大学生の女子は、「ひとり好きの寂しがり屋」というSNSのコミュニティに入り、自分が大人数の場は苦手ではあるものの、誰にもかまってもらえないと寂しく感じることを、自分のページ上で必死にアピールしていました。

今の若者は、自分のキャラにキャッチコピーを付けて宣伝する「ひとり広告会社」になることで、このしがらみの多い新村社会というプリズンから脱走しようとしているのです。

新村社会における「村八分」

さて、以上のように厳しい掟とその対処法が存在する新村社会ですが、なかには空気が読めない、いわゆるKYな若者も存在します。

KYキャラになりきれない、そういったただKYな人間は、新村社会のなかでは「村八分」に遭ってしまいます。

前述した『空気の研究』には、こんな一文があります。

「むしろ日本には『抗空気罪』という罪があり、これに反すると最も軽くて『村八分』刑に処せられるからであって、これは軍人・非軍人、戦前・戦後に無関係のように思われる」

ちなみに「村八分」とは、「江戸時代以来、村落で行われた制裁の一つ。規約違反などにより村の秩序を乱した者やその家族に対して、村民全部が申し合わせて絶交するもの。俗に、葬式と火災の二つの場合を例外とするからという」（大辞林）とのことです。

かつての村社会には「抗空気罪」が存在し、それを犯すと村八分に遭ってしまったように、新村社会にも抗空気罪や村八分が存在します。事実、「ミクシィ八分」などという言葉も、メディアでよく取り上げられています。

ただし、かつての村にあった村八分と新村社会のそれには、量的・質的な違いがあります。量的な違いとしては、かつての村の人口規模が小さかったのに対し、新村社会の人口規模は大きく、そのぶん村八分のパワーは強大になっています。

質的な違いとしては、かつての村八分の多くが主に対面の場で行われたのに対し、新しい村八分はネット上も含めた非対面の場でも行われるようになっているということです。

では、この新しい村八分の実例を覗き見してみましょう。

《新村八分の特徴①》晒される

学校裏サイトに代表されるように、悪口や陰口がネット上で公に晒されるようになったことは、かつての村八分との大きな違いです。

読者の皆さんもプロフサイトを検索してみれば、（おそらく勝手に、そして知らないうちに）自分の写真やプリクラが晒されてしまっている子（しかも「こいつはヤリマンです」などという誹謗《ひぼう》中傷の文言とともに）や、電話番号などの個人情報を載せられてしまっている子を目にすると思います。

私が取材したある男子高校生は、ケータイ番号がネット上に晒され、いたずら電話がたくさんかかってきたため、ケータイ番号を変更せざるを得なかったと言っていました。

ある札幌の女子高生は、「あいつは勉強ができないのに髪を染めた」とBBS上に書かれ、黒髪に戻したそうです。

キャバクラでバイトをしているある仙台の女子大生は、「ホスラブ」というお水の情報が載っている掲示板に、「あいつは枕（体を売って仕事を取る人）だ」「ホスト遊びが好き」など書かれ、それを書いたのはおそらく同じ店の女の子なので疑心暗鬼になった、と言っていました。

またある女子高生は、こんな話をしてくれました。

「私が中学生のときに学校裏サイトが流行り、そこに実名を載せられ、悪口を書かれる子が続出しました。『あの子は彼氏をとっかえひっかえしている』と書かれるなど、恋愛の妬《ねた》みに近い内容が多かったと思います。事実無根であっても、やはり匿名《とくめい》の世界なので言い訳する機会がありませんし、違う学校の人にも知られてしまうので、書かれたほうが負けという状況でした。だからそれ以降、なるべく目立たないように行動する人が増えました」

まさに公開処刑。

前述したように、学校裏サイトを使用しているのは一部の子ではありますが、新しい村八分に遭ってしまった子、特に言われなき罪で遭ってしまっている子が受ける心理的打撃は、かつての村八分とは比べ物にならないくらい大きなものになっている可能性があります。

《新村八分の特徴②》村十分

吉幾三《よしいくぞう》さんの名曲「俺《お》ら東京さ行ぐだ」には、「俺らこんな村いやだ　俺らこんな村いやだ　東京へ出るだ」という歌詞があります。

かつての村だったら、人間関係が嫌になったら、違う土地や大都市に移動さえすれば自由で開放的な生活が待っていました。

しかし、第2章で渋谷が似合うのに誰かに会うのが嫌で渋谷に行かない男の子の例を紹介しましたが、人口規模が大きく、人々のつながりに継続性ができた新村社会では、村を出たところで、基本的に村から逃げることはできません。

学校内でいじめられている子が隣町の学校に転校しても、その子の噂は新しい学校にも筒抜けです。「あいつ、前の学校でネット上に晒されてたぜ」など、すぐに新しい学校に自分の情報が伝わってしまいます。

島崎藤村の『破戒』のように、部落から逃げ出し、自分の素性を隠しながら生活することができなくなっているのです。

2007年にベストセラーになった『教室の悪魔』（山脇由貴子著／ポプラ社）という本では、昔のいじめにはいじめっ子といじめられっ子と傍観者の三者が存在した。しかし、今のいじめには傍観者がおらず、「いじめられっ子vs.場」という二者しか存在しなくなっている、といったことが述べられています。

昔であれば、傍観者の存在がいじめられている子の救いになるケースもありましたが、今は「空気」という全体の「場」がいじめの主体となっているというのです。

これは、数人のいじめっ子を問題視して懲罰を与えれば済む話ではありません。特定のいじめの首謀者を見つけ出すことが不可能に近いのです（強いて言えば、場の空気をつくりだせる子でしょうか）。

場の空気は一瞬一瞬で変化しますから、その空気に合わせられないと、誰もがいじめられっ子側に回る可能性を秘めています。

また、新しい村八分には息抜きの時間がありません。昔であれば、仮にクラスでいじめを受けても、学校から帰り、両親と話したり自室で好きな本を読むなど、解放される時間がありました。

しかし、新村社会では、彼らが常時接続・閲覧しているケータイサイトに陰口が書かれたり、プロフが炎上したりするので、自室でも息抜きができません。

ある男子高校生が、こんな話を聞かせてくれました。

「中学生当時、いじめられていた僕には、楽しいことがありませんでした。そんなある日突然、知らない女子からメールが送られてきました。最初は怪しいと思ったんですが、彼女とのメールのやり取りをつづけるうちに、いつの間にかそれが僕の憩《いこ》いの場になっていきました。でもある日学校に行ってみると、そのメールがクラスの男子から出されていたものであることがわかりました。みんなは僕のメールの返信内容を笑いのネタにしていたのです」

まさに逃げ場なきいじめです。

村八分の定義として、葬式と火災のふたつの場合を例外とすると前述しましたが、新しい村八分にはたったふたつの例外すらなくなっていて、村十分と言える状況になってしまっているようです。

《新村八分の特徴③》縦社会の崩壊

新しい村八分は、ときにいじめる対象が先輩や先生にも及びます。

新村社会では、年齢や立場の上下よりも、空気が読める能力の高低のほうが重要になっていて、かつてのような先輩後輩文化が少なくなってきているのです。

プロ野球の工藤公康《きみやす》投手がいた頃の愛工大名電高校の野球部には、先輩から後輩へのひどいしごきがあったというのをどこかの本で読みました。しかし、工藤投手が3年生になったときに、そうしたいじめを一切禁止したので、後輩のイチロー選手が入った頃にはそうしたしごきの風土はなくなっていたそうです。

新村社会では、そもそも先輩によるしごきが存在しづらいので、工藤投手のようないじめを撲滅《ぼくめつ》するヒーローは必要でなくなっています。なぜなら、ただ先輩というだけで偉そうに振舞う人は、後輩たちからKYとみなされ、逆に揶揄《やゆ》の対象になってしまうからです。

ある男子高校生がこんな話をしてくれました。

「目上の人を敬《うやま》う日本の文化は、素晴らしいと思います。昼休みにパンを買って来いと命じる程度の先輩であれば、ぜんぜん従います。でも、実力もないのに、ただいばり散らすだけの先輩に対しては、『あいつとはつき合わないほうがいい』という情報が後輩の間に出回り、そうした先輩は、孤立してしまうか無視されるようになります」

新村社会では、逆に後輩たちへの気遣いが求められるようになっているのです。

こうした話は先生に対しても成り立ちます。先生のちょっとした言動は、すぐに生徒の間に、クラスや学年を問うことなく伝わります。そして親にも伝わり、ひどい場合はメディアにまで伝わってしまいます。

先生たちの不登校も増えていますし、先生たちは生徒に気遣い、ときに媚《こ》びさえ売らないと痛い目を見る社会になっています。

ネットワークが広い新村社会では、年齢や立場の上下よりも、情報発信力が強い人間が権力を握る構図になっているのです。

《新村八分の特徴④》親も参加する

新しい村八分には、どうやら親まで参加するようです。

ある女子高生がこんな話をしてくれました。

「親が絡むいじめは、小学生ぐらいから始まりました。親同士で仲良しグループがあり、ある生徒の噂を親の間で流すのです（たいてい、そうした対象になる子の親は共働きで忙しく、どこのグループにも入っていないことが多い）。噂の中身は、あることないことが入り混じったものです。そうした噂は生徒の間にも伝わり、それがきっかけで子供のいじめにつながっていきます。私自身も体験しましたが、親が絡むいじめがもっとも悲惨です」

新社会には、親さえもプレーヤーにしてしまう悪魔が潜《ひそ》んでいるのです。

このような新しい村八分が蔓延《はびこ》るなか、ちょうど２００５年あたりから、ケータイやインターネットをきっかけ・媒介とした問題が多発し、社会問題化して現在に至っています。

２００５年12月　掲示板に女性36人を暴行すると書き込んだ中学３年の男子生徒を、広島県警が脅迫容疑で逮捕

２００６年７月　教諭が「アダルトビデオに出ていた」とうそを掲示板に書き込んだ高校生を、福岡県警が名誉毀損《きそん》容疑で書類送検

２００６年11月　掲示板に「陸上記録会を中止しないと生徒を襲う」と書き込んだ高校１年の男子生徒、福岡県警が威力業務妨害容疑で逮捕

２００７年１月　「裏サイト」に悪質な書き込みをした女子中学生を大阪府警が児童相談

所に通告、その後、サイト管理者を名誉毀損幇助《ほうじょ》容疑で書類送検

結果、たいへん不幸な出来事としか言いようがありませんが、中高生の間で自殺が連鎖しました。

読者の皆さんもご記憶に新しいかもしれませんが、神戸市の高校生が授業中の校舎から飛び降りた事件は、メディアを通してくり返し私たちのもとに飛び込んできました。

2007年7月4日　授業中の校舎、高3が転落死　神戸、自殺か
9月18日　高3自殺、同級生逮捕　メールで金要求、恐喝未遂容疑
9月20日　いじめ動画、HPに　学校側、存在を把握
9月21日　いじめHPに実名　閲覧者、メールで脅迫
9月22日　学校、いじめ認める　逮捕少年ら4人関与
9月25日　新たに同級生2人逮捕　脅しメール関与容疑
10月29日　4人目の少年、逮捕　腕輪売りつけ、5000円恐喝容疑

こうした流れを受け、伊吹文明文部科学大臣（当時）が緊急声明を発表（２００６年11月17日）。その後も止まらない若者たちの負の連鎖を見かねて、２００８年４月17日の教育再生懇談会では、福田康夫首相（当時）が、子供が携帯電話を持つことについて、「ろくなことがない。悪い大人に利用されるだけだ。人間関係にもマイナスだし、教育上も良くない」と発言するなど、異常な事態にまで発展しました。

ケータイのフィルタリングや学校へのケータイ持ち込み禁止などが象徴的な例でしょうが、今後、未成年の若者がケータイを持つことに対する行政の規制や学校内での規則はどんどん強化されていくでしょう。

とはいえ、どれだけ有効な手立てが打てるかはわかりません。なぜなら、問題はケータイそのものではなく、ケータイをきっかけに生まれたこの巨大なネットワーク社会そのものだからです。

学校内という特定の場所と時間だけケータイを持たせないようにしても、この新村社会からほんの一時離れさせる程度の効果しかないかもしれないのです。

＊

さて、本章では、ケータイが生み出した新村社会に存在する数々の掟と、それを破ってしまった村人に対する制裁行為について紹介してきました。

第4章以降は、過去の村社会に戻った若者たちに生じた新しい現象について、その光と陰に分けてお話ししていきたいと思います。

第4章

半径5キロメートル生活

——若者を覆う「既視感」の正体

この章とつぎの第5章では、新村社会が村人に与えたもっとも大きな負の影響である「既視感」について、お話ししていきたいと思います。

ちなみに既視感とは、いわゆるデジャブのことで、経験したことがないのにどこかで経験したことがあるかのように錯覚してしまう現象のことを指します。

今の若者を取り巻くこの「既視感」こそが、若者から新しいことをしようと思う意欲や動機を奪い、行動範囲を狭くし、消費の楽しみを削《そ》いでしまっている元凶《げんきょう》なのです。

アラフォー女性には信じがたい「新婚旅行が初めての海外旅行」

私は最近結婚したのですが、結婚式の司会をしてくれた式場の女性スタッフが、こんな話をしてくれました。

現在40代半ばの彼女は、若い頃はちょうど「新人類」「バブル世代」などと呼ばれ、今では「アラフォー」「負け犬」などと呼ばれる世代です。彼女曰く、

「私が社会人になった頃は、休みができると海外旅行、特にヨーロッパに頻繁に行っていました。でも最近、20代の新婚さんと話をしていると、『新婚旅行が初の海外旅行』とか、『新

婚旅行は国内でいい』『新婚旅行自体行かない』なんていうご夫婦が増えていて、本当に驚かされます」

休みのたびにヨーロッパに行っていたバブル世代の彼女もちょっと特殊な気がしますが、新婚旅行で初めて海外に行く若者や、新婚旅行ですら海外に行かない若者が増えている、という彼女の話は注目に値します。

１９６８年度の運輸白書によると、戦時中、日本人の海外渡航には厳しい規制がありました。それが戦後、徐々に緩和されていき、１９６４年には観光目的の渡航と年１回５００ドルまでの外貨持ち出しが自由化され、１９６６年1月1日以降は「ひとり年間1回かぎり」という回数制限も撤廃され、1回５００ドル以内であれば自由に外貨を持ち出し、渡航できるようになったそうです。

とはいえ、この頃はまだ多くの日本人にとって海外旅行は依然として高額で、１９６０年代の新婚旅行といえば、熱海、箱根、宮崎が人気を博していました。

１９７０年代前半には、海外渡航者数が１００万人を突破するものの、韓国や台湾などの近場が主流でした。現在73歳の私の父と65歳の母も、新婚旅行で１９７４年に香港と返還前のマカオに行ったそうです。

そして、1985年のプラザ合意以後の円高時期にようやく、日本人の海外旅行が一般化しました。

しかし今、時は2010年です。観光目的の海外旅行が許された1964年から50年近く経っているし、格安航空チケットが普及した2000年代初頭からももうずいぶん経っているのに、若者たちは1964年時点に時計の針を戻してしまっているのです。

バックパッカーやワーキングホリデー、海外青年協力隊なんかが流行った時期もありましたが、もはやそれらは若者には通じづらくなっています。

私の父親は東京都北区に育った貧乏人の息子で、幼い頃から海外に行くことを夢見ていました。父は最初、証券会社に入社したのですが、海外への夢を捨てきれず、「倉庫番であっても商社に入りたい」と中途試験で商社を受け、見事合格。結果として、南アフリカとシドニーとフィリピンへの転勤を経験しました。

今でも父の誇りは、「家族を海外に住ませた」ということです。

幼い頃からの夢を実現させた父からすると、今の若者は、未知の世界への憧れを失った動かないかたつむりにしか見えないかもしれません。

海外経験ゼロなのに「ハワイはつまらない」となげく福島の青年

法務省の出入国管理統計によると、20～29歳の海外旅行者数は、１９９６年の４６３万人から２００６年には２９８万人と、10年間で35％近い激減となりました。

ＪＴＢも２００８年３月の発表で、２００７年の海外旅行者数が２００６年を下回った原因のひとつに、若年層の海外旅行者の減少を挙げています。

また、文部科学省も、高校生の海外留学は２００４年度をピークに減少に転じ、２００６年度は約３９００人と、２年前より11％減少したと発表しました。

若者の海外旅行離れには、いろいろなことが影響しているでしょう。

総務省の発表（２００９年５月４日）によると、15歳未満の子供の数（２００９年４月１日現在）は、２００８年より11万人少ない１７１４万人で、28年連続の減少となりました。こうした若者の人口の減少も、若者の海外旅行者数の減少に関係しています。

また、最近の傾向でいえば、いわゆる「派遣村」などに代表されるように、金銭的に余裕のない若者が増えているのも事実です。

留学の話でいえば、１９９０年以降のいわゆる「失われた10年」以降、経済的に子供を海外留学に出してやれない親が増えたことも影響しているでしょう。

また、かつてに比べ、中学や高校の修学旅行で海外旅行を経験してしまう人も多く、だから、成人になるまで海外に行きたくても行けなかった上の世代に比べ、海外への憧れや目新しさが幼い頃にすでに減ってしまっている若者が多い、こんな理由もあるでしょう。

とはいえ、私の若者へのヒアリングから見えてきたのは、新村社会に生じた「既視感」によって、日常とは違う世界を知りたいと思う意欲と動機が削がれてしまっている彼らの姿です。

この「既視感」を説明するために、私が取材した福島の日雇い労働者の男性（20歳）の例をご紹介します。

彼は、自分の彼女が「ハワイに連れていって」とせがむのに対し、「ハワイは日本人ばかりで、日本にいるのと変わらなくてつまらないよ」と言っていました。

彼に海外経験がないことがわかっているのに、「どうしてそう思うの？　ハワイに行ったことはあるの？」と、ちょっと意地悪だと思いながらも聞いてみると、彼は自信あり気《げ》に「情報を持っています」と答えました。

彼はケータイで知らない他人のハワイに関するブログを読み、「ハワイは面白くない」「日本と変わらない」などの書き込みを見て、ハワイに魅力がないことを確信したのだそうです。マスコミ情報よりも素人《しろうと》の情報のほうが、彼にはリアリティがあるのかもしれません。

岐阜の女子高生も、海外に行ったことがないのに「タイは怖い」と脅えていました。退屈の疑似体験、恐怖の疑似体験……これがまさに「既視感」の正体です。

福島の彼はハワイに行く前にすでに、なんとなくハワイがわかったような気になり、実際に行ってみたいという欲求が削がれてしまっているのです。

「海外をかっこいいと言う人がかっこ悪い」という価値観

ＪＴＢの２００８年３月の発表では、20代若者の旅行動向調査の結果として、最近３年間で平均年１回以上、観光目的で国内旅行に出かけた人が78・９％もいたようです。

２００８年は原油の値上がりの影響で、国内旅行が海外旅行に取って代わったと言われました。

さびれたと言われていた熱海駅が若者でいっぱいになった様子も、メディアで取上げられていました。私も２００８年の夏休みにたまたま熱海に行ったのですが、駅前にたくさんのギャルがベタ座りしていて、あまりに熱海のイメージとかけ離れた光景にぎょっとしました。

「東京一極集中の時代が終わり、これからは地方に人口が分散する時代。若者が海外に行かなくなった代わりに国内旅行をするようになったのであれば、それは日本にとっていいことじゃないか」と考える人もいるかもしれません。

たしかに、20代社会人にインタビューしていると、「海外旅行より国内旅行のほうが楽しい」と答える人が結構いて、戦後の日本を覆っていた「海外はかっこいい」「日本はダサい」「アメリカはすごい」「イタリア靴は良い」といった過剰な欧米への憧れが減り、上の世代に比べ、日本をフラットに評価している若者が増えていることを実感できます。

「海外をかっこいいと言う人がかっこ悪い」といった価値観さえ、若者の間では生まれ始めているのです。

とはいえ、若者の国内回帰が進んでいるという説は、本当に正しいのでしょうか？

国立《くにたち》在住・モデル風美女の旅先は、なんとお台場!?

私が数多くの若者にインタビューした実感で言えば、答えはノーです。

「国内旅行が好き」「国内旅行によく行く」と答える若者は多くなっているかもしれません。

しかし、そもそも彼らの「国内旅行」という言葉の意味するエリアの範囲が、とても狭くなっているように感じるのです。

先日、ある女の子（18歳・フリーター）に取材したところ、とても面白い話が聞けました。その子は東京都の国立市に幼い頃から住み、今も国立の実家に住んでいます。高校中退後はずっと、ほぼ３６５日、地元のガソリンスタンドでバイトをしています。幼馴染《おさなな じ》みたちもそのガソリンスタンドで一緒にバイトをしているフリーターで、毎日のバイトがまるで学校生活のようで楽しいと言っていました。

バイトが終わるとみんなで遊びに行くのが彼女の日課で、彼女の日常生活にはまったくと言っていいほど変化がありません。国立から出ることはほとんどありませんし、新しい友達が増える機会もほとんどありません。

行動範囲も交際範囲も、蛸壺《たこつぼ》化《か》しているのです。

彼女はまるでモデルのような美人で、スタイルも抜群。六本木か青山あたりを5分も歩けばすぐにスカウトされそうですが、六本木にも青山にも人生で一度も行ったことがないとのこと。

国立から六本木までは電車で1時間強。一応、同じ東京都なんですけどね……。

そもそもこんな綺麗な子が、お洒落なエリアに行きたいと思ったことすらないなんて、実に不思議です。

しかし、彼女のように行動範囲が狭くなっている若者は、かなり増えています。私が取材した横浜の外れに住むある女子高生ふたり組は、私との約束に3時間も遅れて来ました。理由を聞くと、彼女たちは地元でしか過ごさないので、なんと山手線にほとんど乗ったことがなく、山手線をぐるぐる3時間も回って、待ち合わせた駅を何度も通り越していたというのです。

横浜に住んでいながら、です！

東京下町出身の私なんて、今でも青山あたりに行けば緊張してしまいますし、青山あたりを歩いている女性は全員綺麗に見えてしまうくらい、青山的なる雰囲気に憧れを持っているのですが、彼女たちはこうしたエリアに興味を持ったことすらないと言います。

このように、同じメンバーと同じエリアでしか過ごさない、蛸壺化した新村社会の住人ですが、彼女たちのケータイを見ると、たくさんの友人（知り合い）のメールアドレスが入っていたり、SNSにたくさんの友人（知り合い）が登録されていたりします。

だから、変化のない生活を送りながらも、いろいろな口コミ情報が入ってくるのです。前述した福島の日雇い君の「ハワイの情報を持っています」とまさに同じ現象です。

だから、自分も他のエリア（たとえば繁華街やお洒落スポット）に行ったような気や、新しい友達を増やしたような気になり、そうした状況がかえって、彼女たちの行動範囲・交際範囲を狭める結果につながってしまっているのです。

彼女たちは、体は国立や横浜にありながら頭は六本木や青山にいる、と言ってもいいかもしれません。

見るに見かねた私は、国立の彼女に対し、「君が地元友達と仲良しなことはわかった。でも、毎日地元で同じメンバーと遊んでいたら飽きない？　みんなで旅行にでも行ったら、もっと面白いと思うけどなあ」とアドバイスしてみました。

すると彼女は、「地元友達とよく旅行に行きますよ！」と予想外の返答をしてきました。

「老婆心《ろうばしん》だった。未知の世界を見てみたいという若者らしい欲求はちゃんと持っているんだ」とちょっとほっとした私に対し、彼女がひと言。

「みんなでよく、お台場に旅行に行くんです」

ドリフのコントのように、このときばかりは私も本当にずっこけました。

お台場は国立と同じ東京都ですし、国立からお台場までは電車で1時間強。旅行と言える距離ではありませんし、「小旅行」という言葉を使うのでさえ、さすがにはばかられます。

しかし、既視感によって行動範囲が狭くなった彼女たちからすると、この小移動でさえ、立派な旅行に該当するようです。彼女たちの感覚からすれば、修学旅行などで地方からお台場にやって来る人たちは、海外旅行をしているかのように見えるのかもしれません。

ちなみに、国立の彼女の彼氏との典型的な過ごし方は、どちらかの家に集い、ケータイで一緒に音楽を聴きながら（部屋にどちらかのケータイを置き、違法ダウンロードした音楽を流す）、それぞれポータブルゲームをすることだそうです。

半径5キロ以内で生活が完結している駒込《こまごめ》の下流男子

若者の行動範囲が狭くなった例として、こんな男の子もいました。

彼は現在25歳の若手社会人です。私の地元（ＪＲ山手線の駒込駅）に住む私の幼馴染みの弟で、普段からよく飲みに連れていったりして可愛がっている若者です。

ある日、彼から相談があると呼び出されました。神妙な面持《おもも》ちの彼を見てどきどきしていると、「俺、本気で好きな子ができたんです」とのこと。

彼は今の若者の象徴のような人生を歩んでいて、新卒で就職ができず不遇な就職・転職を重ねる苦労人なので、彼から明るい相談を受けて私は心から嬉しく思いました。

「お前もそんなことを相談してくる年になったか。今日はおごってやるから、好きなだけ飲め。で、何をアドバイスしたらいい？」と彼に聞くと、「彼女を口説くためのムーディーなレストランを紹介してください」とのこと。

ピュアな質問をされてさらに嬉しくなり、「当時、俺に興味がなかった今の奥さんを、俺の虜《とりこ》にさせたレストランがある。個室で肩が触れ合うほどふたりの距離が近い横並びの席で、ムード満点。ご飯もワインもおいしい。あそこで女性を口説けないやつはいない！」と、私は酔いに任せて自信まんまんに演説しました。

真実を話せば、私がそのお店で口説いても、すぐには「ＯＫ」の返事をもらえなかったんですけどね……。後輩の前で大げさに語ってしまった私でしたが、ピュアな後輩はまんまとその話に食いついてきました。

「すごいっすね。どこのお店か教えてください」

「え〜、俺が長年かけて発掘したあの伝説のお店をすぐに教えろって？」

「教えてくださいよー」

「若いお前には、まだ早いかなあ」

「教えてくださいって！」


先輩面《づら》があまりに気持ち良く、彼をじらす意地悪な私といらいらしてくる後輩。さすがに可哀想になり、「渋谷にあるんだけどね」と、ちょっとだけ店舗情報を小出しにしてみました（まだこの状態を引っ張りたかったので……）。

すると彼は、「はあ～」と深いため息をつきました。私はちょっとむっとして、「ため息つくってどういうこと?」と言うと、「渋谷って、遠いじゃないっすか? せめて、池袋くらいまでにしてくださいよ」と想像を絶する返答。

しかも、「この人、まったくセンスがない……」と諦《あきら》めの表情を浮かべる始末。

東京以外にお住まいの方のために説明すると、私の地元であるJR山手線の駒込駅は、東京ではあまり知名度の高い駅ではありません。とはいえ、我が駒込は、仮にも天下の「丸い緑の山手線」の駅です。駒込から渋谷までは、山手線を使えば約25分。しかも、乗り換えなしのたった一本です。

しかし、その後輩にとっては、地元の駒込駅から電車でたった5分で着く池袋であれば心理的距離が近く、デートに行ってもいいエリアの範疇に入るようですが、30分近くかかる渋谷は心理的距離が遠く、デートの場としてはなから選択肢には入らないエリアのようなのです。

私の高校生当時、渋谷は若者の情報発信地でしたが、今では「ただ家から遠い異国の地」という興味の対象外のエリアに成り下がってしまったようです。

私はわけがわからず頭が真っ白になってしまいましたが、少し冷静になって、彼の日々の生活をよく聞いてみました。

彼は大学時代に千葉の大学に通っていましたが、大学時代の彼はサークルなどには入らず、大学の友達とメアド交換はし、キャンパスではそれなりに話すものの、大学が終わるとすぐに地元に帰り、竹馬《ちくば》の友と遊んでいたそうです。

通学中に通る繁華街では遊ばず、ですからわざわざ渋谷になんて出ようと思うはずもなく、地元友達と地元のファミレス、カラオケ、漫画喫茶で遊んでいたそうで、これは社会人になった今でもつづくライフスタイルのようです。

給料が入ると竹馬の友と駒込の隣駅である巣鴨《すがも》のキャバクラに行くとのこと。キャバクラ嬢やボーイの中には小学校の同級生もいるそうで、地元のキャバクラがまるで同窓会のようになっているとのことでした。

ベストセラー『下流社会』（光文社新書）著者の三浦展《あつし》氏によると、高階層の女性ほど多方面に開かれたネットワークを構築できる一方、低階層の男性ほど地元の閉じたネットワークに留《とど》まっていると言います（『中央公論』２００９年７月号より）。

学校や職場などの生活エリアや所属組織が変わっても、知り合いが増えても、結局は同じ友達と同じエリアで遊ぶ——そんな彼の生活を「半径5キロメートル生活」とネーミングしてみました。

もちろん、幼馴染みとは気の置けない関係なのでしょう。しかし、「繁華街から刺激を受けたい」「大学ですごいやつと出会いたい」といった、昔の若者が持っていたであろう刺激を求める願望は、新村社会の住人の間では薄れてしまっているようです。

「新宿」の漢字が書けなかった松戸《まつど》のギャルふたり組

先日、編集者の柿内さんと千葉県の柏と松戸に出向いて、路上で声かけインタビューを行ってきました。

ここで、松戸のゲームセンターで出会ったギャルふたり組の話を紹介したいと思います。モテない男子校出身の男同士緊張し、なかなか若い女の子に声をかけられなかった私と柿内さんでしたが、ＵＦＯキャッチャーでものすごく盛り上がっている彼女たちに、思い切って声をかけてみました。

こういう趣旨でインタビューをさせてください、と一生懸命に説明していくうちに、彼女たちは徐々に私たちに安心感を持ってくれたようですが、あとで聞くと、最初は麻薬を売りつけられると思ったそうです……。

彼女たちはともに21歳で、喫茶店のアルバイトと介護士をしているとのこと。休みのたびに松戸に集合し、ふたりで遊ぶと言っていました。

彼女たちの遊びのパターンは毎回同じ。

松戸のゲームセンターに集まり、プリクラを撮り、ＵＦＯキャッチャーで遊ぶ。それからファミレスに行き、お腹を満たしたあとにカラオケに行き、大好きなポルノグラフィティの曲を朝まで歌いまくり、始発で帰る――。

彼女たちからは、いろいろと面白い話が聞けました。

まず、彼女たちは「新宿」という漢字が書けませんでした。松戸だけで生活していて、ごくまれに東京に行ったとしても、松戸を通るＪＲ常磐線《じょうばん》の日暮里《にっぽり》か、せいぜい上野までしか行かないので、新宿は縁《えん》もゆかりもないエリアのようです。

松戸から新宿まで、電車でたったの40分なんですけどね……。

また、今年中にお台場に行きたいと言っていました（これまでお台場に行ったことがないそうです）。理由を聞くと、お台場が1年後になくなるからだと言います。

たぶん、お台場で毎年開かれているイベントがなくなるとか、等身大ガンダムの展示がなくなるとか、そういった情報が捻《ね》じ曲がって伝わっているのでしょう。

また、○○社のケータイが電磁波で頭痛を引き起こすという噂を信じ、最近違うケータイ会社に替えたと言っていました。普通に考えればそんなことはありえないのですが、情報源が偏《かたよ》っているので、彼女のまわりで流通する情報のすべてを信じてしまっているのです。

彼女らは将来もずっと松戸近辺に住みたいと言っていました。巨大ショッピングモールで激安な洋服をたくさん買えるし、友人もずっと松戸周辺に住むと言っているそうです。

かつて首都圏の新しい郊外であった柏・松戸エリアは、今や土着民が代々住みつづける土地へと変貌《へんぼう》を遂げつつあるのです。

江戸っ子が増えすぎて、東京のローカル化が進んでいる

国立女子や私の幼馴染みの弟や松戸ギャルの例のように、竹馬の友と地元で遊ぶという最近の東京近郊の若者のライフスタイルは、ひと昔前の地方のヤンキーのライフスタイルに似ています。

繁華街や遊び場が少ない地方で、学校が終わったら地元に帰り、いつも同じ地元友達とコンビニの前でたむろしたり、誰かの家に集まったり、バイクや車で少しだけ遠出したり……。

ある早稲田大学の学生がこんな話をしてくれました。

「僕の中学時代の友達は、中学を卒業して以来、毎日青葉台《あおばだい》（神奈川県横浜市）の駅前のベンチに数人で座って大声で話しています。ジャージ姿にクロックスで。僕が駅前を通ると嬉しそうに、大声で名前を呼んで近寄って来るんです。通行人が振り返るくらいの大声なので、正直言って恥ずかしいです。地元の飲み屋でたまたま会っても嬉しそうで、でも僕が難しい話をしてもわからないので、天気の話とか共通の友人の近況とか表面的で浅い会話をせざるを得ません。彼らは地元で閉じて過ごしているので、久しぶりに地元友達に会うととてもテンションが上がるんです」

このように、東京近郊の若者は地方（ローカル）化しているのです。

くり返しますが、彼らの巨大なネットワークには日々たくさんの口コミ情報が飛び交い、結果、大きな既視感が生まれ、地元や自宅から半径5キロメートルにひきこもるライフスタイルが生まれています。

ただし、東京の若者のローカル化が進むのには、もうひとつ大きな理由が存在します。それは、東京に江戸っ子が増えすぎてしまったことです。

総務省の発表によると、２００９年3月末時点で、東京・関西・名古屋の三大都市圏の人口は６４０１万２６１８人と、前年同期比で０・３５％増加し、全人口に占める割合も50・３７％に達したようです。

戦後の一貫した大都市部への人口集中の流れのなか、東京では3代続く江戸っ子が増えていますし、3代続かないにせよ、親が地方から東京に出てきて、生まれも育ちも東京で、東京しか知らない若者が増えているのです。

地方生まれで大学や就職などで東京へ来た人たちは、故郷への望郷の念を持っていますし、東京ライフへの積極性や憧れも持っていますが、代々東京人や、東京生まれ東京育ちの人だと、当然のことながら故郷は東京になりますし、東京を特別視していないので、渋谷だって魅力ある繁華街ではなく、ごく日常の場。かといって、わざわざ地方に出向こうなどという気も起こりづらく、東京の地元にいれば日本を知った気になってしまうのです。

こうした江戸っ子の増加も、東京の若者が地方に行かず、それどころか東京の繁華街にさえ行かない事態を引き起こしています。

地方格差が叫ばれ、地方が荒《すさ》み、東京がひとり勝ちしているかのような報道がくり返されていますが、実は東京ローカルの若者のほうが、行動範囲や視野が狭くなりつつあると私は危惧《きぐ》しているのです。

希望月収はなんと3万円——地方にも蔓延る既視感

新村社会は、ケータイを媒介に生まれました。ケータイは、住んでいる地域にかかわらず、今や日本のほとんどの若者が所有しています。だから当然、東京近郊に限らず、地方の若者も新村社会の住人ですし、既視感に覆われています。

たとえば、ハワイに行ったことがないのにハワイに興醒めする前述した福島の若者のように、東京に住んだことがない（行ったことがない）のに、東京へ憧れを持たない地方の若者がかなり増えているのです。

これは、戦後の東京への人口流入の歴史を考えれば、画期的な意識の芽生えと言えます。なにも私は、「地方人よ！　大東京に憧れろ！」と言いたいのではありません。

「地方の時代」と言われるなか、自分の地域を愛し、情熱的に地域活動をする若者たちと、どの地方に行っても出会うようになっています。こういう良質な若者たちが、東京に見向きもせず、自分の地域に留まることは素晴らしいことだと思います。

また、私のヒアリングによると、地方の若者の間では、東京よりも関西や沖縄や北海道への憧れが強くなっているので（おそらく東京よりもキャラ立ちしていると認知されている地域）、これはこれで「脱東京一極集中」という点では良いことだと思います。

もちろん、日本全国が三浦展氏の言うところの「ファスト風土化」（地方固有の地域性が消滅し、全国どこにでもある大型ショッピングセンター、コンビニ、ファミレス、カラオケボックス、パチンコ店だらけになること）していて、日本全国どこでも同じものが買え、同じものが食べられ、東京にわざわざ来る理由が減ってきていることも影響しているかもしれません（私が取材した宮崎の女子大生は、東京どころか福岡に行く意味さえ見出せなくなっていると言っていました）。

しかし、そういった影響よりも、新村社会を取り巻く既視感によって、行ったこともない大都市に「わかった感」を抱き、一度も他県に出たことがないのに自分の土地から出たくないと答える村人が増えてきているのです。

社会人になっても、そして結婚しても、新しい友達とはつるまず、地元友達や中学校時代の先輩・後輩とつるみ、週末に自宅近辺でバーベキューをやったり、頻繁に同窓会を開いて遊んでいる若者が、どの地方においても増殖しています。

群馬の高崎で街頭調査をしたときに話した若者のほとんどが、「結構東京に行きます」と言いはするものの、東京のどこに行くかをたずねると、ディズニーランドと東京駅構内と答えたことに驚きました。

ディズニーランドは千葉県だ！　というよくあるツッコミはさておき、高崎から東京までは新幹線でたったの50分。渋谷の１０９に行きたいとか、六本木ヒルズを見てみたいとか、裏原《うらはら》（原宿の裏通り）で買い物したいとか、そういった言わばミーハーな気持ちを東京に抱く若者は少なくなっていて、ディズニーランドだけが「東京的なるもの」として残っているのです。

特に地場産業がそこそこあったり、企業誘致にある程度成功していたり、贅沢を言わなければ工場などで職につける地方都市において、この傾向は顕著です（あまりに疲弊した地域だと、職を得るために都市部に出ざるを得ない）。

衣食住の心配があまりない地方で、収入が十分ではないぶん実家に住みつづけ、消費を抑制しさえすれば、地元友達と同じ工場で働き、なんとなく都会の情報がわかった気になりながら、居心地の良い生活が送れるようになっているわけです。

群馬県沼田《ぬまた》市の失職中の男性（23歳）に希望月収を聞いてみたところ、なんと3万円とのこと。最初は冗談かと思いましたが、実家に住み、親に依存し、既視感に覆われて東京への憧れを持たない彼にとっては、現実的な数字のようでした。

また、茨城の多くの若者からは、「何かコネないですか？」という発言が聞かれました。どんなコネが欲しいのかと聞くと、まったく具体性がなく、本人たちも自分がいったいなんのコネを欲しいのかわかっていない様子でした。

これも既視感のひとつで、広がりすぎたネットワークのなか、ネット上に存在する人々の有機的な出会いの実例を知り、自分にもそういったチャンスがいつかやってくるはずだと思い込み、ただ居心地の良い地元に居座りながら、自分を引き上げてくれる安易な出会いに胸を膨らませているのです。

「ビル・ゲイツとのコネが欲しい」と言う男の子もいたので、そのために何かやっているのかと聞いてみると、もちろん何もしていませんでした。

こうした状況下、いまだに東京へ憧れを抱き、夏休みに積極的に東京に遊びに行く行動力を持っていたり、「東京へ行って芸能人になりたい」などと言う若者は、むしろ有望な絶滅危惧種と言えるかもしれません。

第5章

ちぢこまるケータイネイティブ

――若者はなぜ安定を望むのか？

大学教授が驚いた、40人のレポート内容がほぼ同じという怪奇現象

さて、既視感によって狭くなっているのは、なにも若者の行動範囲だけではありません。若者の視野も同様に狭くなっています。

先日、ある有名大学の教授と飲んでいたら、面白い話をしてくれました。

彼の授業で、40人の生徒に対してレポートの宿題を出したときの話です。社会不安や就職不安からか、レポートをサボる学生は年々少なくなっているようで、40人全員が期限通りにレポートを提出し、「今の若者も捨てたものじゃないな」と彼はほっとしたそうです。

ところが、レポートを添削し始めるや否や、彼の怒りは頂点に達しました。

なんと、40人が書いたレポートの内容がほぼ同じだったのです。それどころか、まったく同じ文言が使用され、文章の配列順もほとんど同じだったそうです。

レポートを早く書き上げた学生に他の学生がレポートを見せてもらう、といったことは昔の大学生にもあったことです。しかし、さすがに文章の順番や文言には手を入れ、写しがバレないように見せる努力はしていたと思います。

40人のレポートのほぼすべての内容と文言が一致するなんて、前代未聞です。これは集団による意図的な挑発に違いないとその教授は思い、学生数人を集めて事情聴取を実施しまし

た。すると、なんとその数人は顔見知りではなく、それどころか、その授業に知り合いが誰もいなかったそうです。

知らない学生同士がどうして同じレポートを書けるのか疑問に思っていた彼でしたが、事情聴取しているうちに、そのカラクリに気づきました。

40人全員が、パソコンのインターネットで各自レポートのテーマを検索したのです。図書館に行ったり、古本屋に行ったりと、ネット以外の情報ツールを使ってレポートを書いた学生は皆無でした。

しかも、インターネット上に掲載されている、そのテーマに関連する情報を隈《くま》なく調べた学生はおらず、全員がパソコンの検索で出てきた上位5つ程度の検索結果を、そのままコピペ（コピー・アンド・ペーストの略。インターネット上の文章をコピーし、そのままワードなどに貼り付けること）したそうです。

首謀者がいたわけでもなく、誰かのノートが出回ったわけでもなく、ひとりひとりが独立してレポートを仕上げたところ、あくまで結果として、全員がほぼ同じレポートになってしまったというわけです。

私が取材したある有名女子大では、追試に落ちた生徒に対し、コピペ防止の目的も兼ね、経済学の本一冊まるまるをノートに手書きで写させることで単位をあげていました。最高学府の課題が強制的写経とは……。なんとも寂しい現状です。

「最近の子は、図書館や古本屋に行って物を調べなくなった。昔は調べるという行為がたいへんだったけれども、図書館で調べ物をしているうちに、たまたま別の魅力的な本と出会う、なんていう偶然の出会いがあったんだけどなあ」

前出の三浦展氏がこんなことをおっしゃっていましたが、まさにその通り。インターネットの検索窓にちょろっとキーワードを入れれば、多くの答えが瞬時に検出され、即席レポートが完成する時代なのです。

この学生たちのように、検索結果の上位5つ程度だけを見ていたのでは、偶然の出会いや予想外の発見などあるはずがありません。

ネットサーフィンが好きな人であれば、偶然の発見もあるでしょうし、インターネット上には膨大な情報量が存在するので、隈なく読み尽くせば過去の時代より多い情報を得られる可能性もあるはずなのに……。

インターネットの検索結果の上位５つを見ただけで、あたかも他の情報ソースも調べ尽くしたような気になってしまう――この知ったかぶりも、まさに既視感が生み出していると言えるでしょう。

大人たちが「若者はネットばかり見ている！」と眉《まゆ》をしかめたところで、彼らの内実は、いろいろな情報をネットから摂取している子は一部にすぎず、いくつかの検索結果や、せいぜいＳＮＳニュースにある恋愛ネタや芸能ネタを見ている程度なのです。

大人が若者たちに言うべき言葉は、「もっとちゃんとネットを見ろ！」ということなのかもしれません。

読書感想文をコピペする小学生

最近では、小学生にまでこのコピペ汚染が広がっているようです。

ひとつの例として、「自由に使える読書感想文」というサイトが一部で話題になっています。

これは、たとえば太宰治の『走れメロス』や夏目漱石の『こころ』など、小学校から高校あたりで夏休みの読書感想文の宿題に出そうな書籍の感想文の実例が、何パターンにもわたって掲載されているサイトです。

このサイトから、課題図書の感想文をコピペすれば、夏休みの宿題は人差し指一本、数秒で終わらせることができます。

夏休みの最終日なのに宿題にまったく手をつけておらず、焦って本を読み始めたといった経験を皆さんもしたことがあるかもしれませんが、こんなサイトがあれば、本を読もうなんて気持ちになりづらいし、本を読む前にその本がわかった気になってしまうことでしょう。

もっと驚くのは、このサイトには、このサイトからのコピペが先生にバレたときの反省文まで載っているのです。先生にこのサイトからの引用が発覚し、「反省文を書いてこい！」と言われても、その反省文でさえ数秒のコピペで書き終わってしまうのです。

もちろん、どれだけの若者がこのサイトを実際に活用しているのかはわかりません。このサイトを見つけ、問題視する大人たちが、このサイトのアクセス数を増やしている可能性もあると思います。しかし、こういった類《たぐい》の行為が、小学生の間でさえあたりまえに行われる状況が生まれているのは、危機的と言えるでしょう。

ここ数年、世間で騒がれている若者の学力低下は、もちろんゆとり教育の影響もあるのでしょうが、既視感が引き起こしている側面もあるのです。

ネットの普及が、多くの若者から視野の広さや思考力を奪い去っているのです。

私たちビジネスマンの間でも、得意先への企画書をじっくり考えることなく、ちょっとしたネット検索だけで作成してしまう人が増えていますから、若者だけを批判することはできないかもしれませんが。

ケータイ化する村人たち

残念ながら、話はこれだけでは終わりません。実は、目的が宿題のためのコピペであれ、パソコンを開くだけ、救いようのある若者なのです。

というのも、普段からパソコンのインターネットを使っている若者であれば、興味のない学校の課題はコピペで済ませてしまうかもしれませんが、本当に好きなこと、たとえばファッションや音楽など趣味の情報に関しては、徹底的に調べる可能性があるからです。

前述した大学教授によると、彼のいる有名大学でさえ、最近ではこんなことを言う学生が出現しているようです。

「(先生に出された課題を)調べたんですけど、ケータイの検索結果に何も出てきませんでした」

その教授も、さすがにこのときばかりは怒りを通り越し、大笑いしてしまったそうです。その学生本人はいたって真顔で、パソコンとケータイの検索結果の量や情報の質について考えたことがなかったようですが。

たとえば、ヤフージャパンのモバイルサイトで「原田曜平」と検索してみると、ケータイサイトの検索結果ではたったの38件しか出てきませんが、ＰＣサイトでは約１万１７００件出てきます（２００９年12月17日時点）。

このように、ケータイサイトとＰＣサイトの検索結果の量には明確な違いがあるのですが、彼はそれを知らなかったのです。彼が、パソコンと同じ機能を持つスマートフォンのケータイを持っているのなら、話はまだわかりますが。

日本青少年研究所の発表によると、日米中韓の高校生に対して比較調査を行ったところ、日本ではケータイはほぼ全員が持っているものの、自分専用のパソコンは21％留まりで、米中韓に比べて低かったようです（「日経新聞」２００８年４月９日）。

世界の若者に比べて、パソコン化ではなくケータイ化されているのが日本の若者の特徴だと言えるでしょう。ケータイの検索結果を情報のすべてだと思ってしまう先ほどの学生の例も、決して特殊なものではありません。

彼らは、パソコンと接するのと同時期から、もしくはパソコンよりも早く、ケータイに接し始め、肌身離さず持つケータイにより親近感や愛着を抱くようになり、情報源の多くが、ケータイやケータイを介した口コミに集約されてしまっているのです。

たとえば、オンラインショッピングに関しても、世界の若者はパソコンで行いますが、日本の場合、特に高校生・大学生くらいであれば、ケータイでのそれも一般的になり始めています。

この間インタビューした札幌の高校生数人も、携帯ゲームサイト「モバゲー」のなかのモバデパというサイトでばかり買い物すると言っていましたし、全国の若者が徐々にケータイで買い物を行うようになってきているのです。

では、パソコンについてはどうなっているのでしょうか。

今の若者と話していると、彼らの口からよく「マイ（ＭＹ）パソコン」という言葉が出てきます。

そもそもパソコンはパーソナル・コンピューターの略ですから、パソコンに個人所有を表す「マイ（MY）」をつけるのはおかしいはずです。これは「頭痛が痛い」「エントリーナンバー3番」などと同じく、間違った日本語です。

しかし、おそらく無理をすれば買えないわけではないのに、個人所有のパソコンを持っておらず（最近はネットブックと呼ばれる低価格パソコンが出ているのに……）、家族共有のパソコンだけしか持っていない若者がたくさんいます。

どの地方に行っても、「パソコンを持つ必要性を感じたことがない」「パソコンを起動させるのが面倒臭い」「どのパソコンをどこで買って、どう設置したらいいかわからない」と話す若者が多くいるのです。

また、個人パソコンを持っていたとしても、ネットに接続されていなかったり、接続していたとしてもせいぜいSNSニュース、電車の乗り換え案内、天気情報、動画投稿サイトをちらっと見たり、曲をダウンロードしたり、デジカメの写真やCDの曲を取り込む程度にしかいじらない子がたくさんいます。

パソコンより、ケータイで文章を打つほうが楽な「ケータイネイティブ」

さらに、ケータイでは両手を使ってブラインドタッチで文章が打てるのに、パソコンではブラインドタッチができない若者も多くいます。

高学歴の高校生や大学生でさえ、ケータイで文章を打つほうが「早い」「楽だ」という人が多く、レポートもまずはケータイで文章を打ち、それをパソコンに転送するのだと言います。


中学の情報処理の授業でせっかくパソコンのブラインドタッチを覚えたのに、その後あまりにパソコンに触らなかったために、高校に入ったらブラインドタッチを忘れてしまったと言っていた青森の女子高生もいました。

ある鹿児島の大学生は、ネイルをしていて爪が長いので、パソコンのキーボードを使って10分で60文字しか打てず、パソコンをいじることを諦め、手書きでレポートを書くことを決意したそうです。


早い子であっても就職活動が始まってから、遅い子であれば社会人になって職場でマイパソコンをいじるようになってから、ようやくパソコンとも多少親密になっていきます。

これは、学生時代にパソコンがなかった上の世代と、なんら変わりがない状況です。

社会人になってからも、パソコンを頻繁に使う職場に就職しなければ、ずっとケータイ化したままで終わる子もたくさんいます。

2008年11月10日に、NHKスペシャルで「デジタルネイティブ　次代を変える若者たち」という番組が放送されました。

「デジタルネイティブ」とは、「ネイティブ」が「その土地で生まれた人」という意味なので、パソコン・インターネット・ケータイ等のデジタルツールに、生まれたときから水や空気と接するように触れ合ってきた世代という意味で、アメリカのマーク・プレンスキー氏の造語です。

この番組では、13歳でインターネットを駆使して起業した少年や、ネット上に200カ国の若者が参加する〝国際機関〟を作り出した若者、仮想空間で海外から仕事を請け負って月に5000ドルを稼ぐ高校生等々、時代の寵児《ちようじ》たちの実例が紹介されました。

「デジタルネイティブ」である世界の若者と比べると、日本の若者は「ケータイネイティブ」と言うことができるでしょう。

ケータイネイティブたちの実情を見ていると、情報化社会についていけてないのではないかとおじさんたちがコンプレックスを持つ必要性は、当面のところまったくなさそうです。

近頃の若者と団塊世代の共通点

ここ数年、若者の間で安定志向が高まっていることが、メディアで盛んに言われています。たとえば、財団法人日本生産性本部の２００９年度新入社員意識調査によると、「今の会社に一生勤めようと思う」が過去最高（55・２％）を更新。また、転職について、「しないにこしたことはない」とする回答が過去最高（34・６％）を記録しました。

毎日コミュニケーションズの２０１０年卒対象「大学生就職人気企業ランキング」調査結果でも、学生が重視する企業選択ポイントが「安定」「業界上位」という学生の保守化を表す項目に集まったと言います。

このように、学生や新入社員の間で大企業願望が高まり、終身雇用制度を望む声が大きくなっているのです。採用を減らす会社が増えるなど、金融危機の影響はたしかに大きいですが、学生の安定願望の高まりは、景気が良かったはずの金融危機以前からつづいている傾向です。

すでに１９９０年代の「失われた10年」以来、日本の大企業神話は崩壊し、高学歴を取得して大企業に就職しても安定が得られるとは限らなくなっているはずなのに、そして、これだけ「キャリアアップ」が叫ばれ、転職があたりまえになっているはずなのに、学生の安定願望は、退職しつつある団塊世代のそれと似通ったものになっているのです。

ベストセラー『若者はなぜ3年で辞めるのか?』（２００６年・光文社新書）の著者・城《じょう》繁幸氏も、この若者の〝昭和的価値観〟（大企業志向や終身雇用願望など）への回帰に注目し、問題視しています。

２００５年５月31日に総務省が発表した労働力調査の1～3月平均の「詳細結果」によると、労働者に占めるパートなど非正規社員の割合が32・３％と過去最高を記録。特に15～24歳層労働者では、半数近い48・２％が非正規社員であることがわかりました。

バブル崩壊以降加速し、さらに小泉改革の規制緩和によって加速した若年層の非正規雇用者の増加と正社員の減少が若者に影響しているのは間違いありませんが、新村社会を取り巻く既視感もひとつの原因になっています。

私は現在32歳で、就職氷河期世代。就職活動当時、バブル崩壊以降なかなか光明を見つけられない日本の大企業を見て、城氏が言う昭和的価値観が完全に崩壊してしまった感触が、同世代の学生の間では広がっていました。

時を同じくして、ＩＴ起業家などニューリッチと呼ばれる人たちが、メディアに頻繁に登場するようになっていたので、一部の優秀な学生の間では、日本の大企業に行くのはかっこ悪いといった考えも広がっていました。

私のまわりでも、大企業に受かったのにそれを蹴り、自分で起業する人やベンチャー企業を選んで就職する人が多くいました。

ところが、それから10年近く経つ間に、ＩＴバブルがはじけ、ホリエモン事件などもあり、なんとなくフロンティアの喪失感が漂いました。学生たちは、若手社長たちの失敗談や苦労話などをメディアや社長ブログなどを通して知り、起業のリスクと大企業の相対的な安定感を感じるようになったのです。

自分がチャレンジしたわけでも、失敗したわけでもないのに、です。

いつかは起業したいと思っている子でさえ、今では大きな夢を抱きません。

新潟でアパレルショップを起業したいと語っていた大学生は、いつか毎月手取りで25万円程度得られるようになればそれで良く、むしろそれ以上もらうのはなんだか怖く、店舗も小さくてよく、好きな服を売りつづけられ、安定した経営ができることが夢だと熱く語っていました。東京進出や店舗拡大など、まったく憧れないと言っていました。「安定」が最上位の価値観なのです。

これもまさに既視感の一例です。

1990年代以降、日本を長く覆う不景気によって日本社会に閉塞感《へいそくかん》が生まれ、一時的な景気回復と団塊世代の退職による若者の就職売り手市場もありましたが、金融危機以降さらに閉塞感に拍車がかかり、村人たちは完全に昭和的価値観へと逆戻りしてしまったのです。

にぎわう川反《かわばた》を知らないのに、その衰退をなげく秋田の女子高生

最近、メディアでも学者（特に「ロストジェネレーション」を自称する人たち）でも、今の若年層の時代的な不遇さについて熱弁を振るう人が多くいます。

たとえば、かつての日本は経済が右肩上がりで、雇用も安定していた。だからこそ、年功序列・終身雇用システムがうまく作動していたが、不況になり、もはやそれらのシステムは制度疲労を起こしている。それなのに、時代の変化に合わせた制度改革がうまくなされておらず、若者がまるで上の世代を食わせるために奉公するかのような状況に陥っている。だから若者に元気がないし、不遇じゃないか、などといった主張です。

私はこうした議論にあまり意味はないと思っています。

かつての高度成長期の日本と同じ状況にある国、たとえば隣国・中国を見れば、農民でも年々所得が増加している人が多いし、いろいろなビジネスが創成されているステージなので、

今の成熟した日本と比較するといろいろなチャンスが多く、若者が活気や希望に満ちあふれています（金融危機以降、中国でも若者が安定志向化し始めているようですが）。

どの国であれ、高度成長ステージにおいては、人々の心理がイケイケドンドンになるのは歴史の常です。高度成長期という過去の特殊な日本の状況と、成熟期にある今の日本の状況を比べ、過去を羨《うらや》み若者に同情することになんの意味があるのでしょう。

ビデオデッキであれば何度も巻き戻しができますが、少し後ろ向きな考えではないでしょうか。

私が若者にインタビューしている実感で言えば、彼らは１９９０年代以降の日本しか記憶にないので、若者の気持ちを代弁するお節介な大人が思うほど、今の日本を悲観してはいません。

にもかかわらず、この手の大人たちが、「今の若者は不遇だ」とメディアやブログを通して発信しつづければ、「自分たちは不遇な世代なんだ」と村人たちだって思うようになってしまいます。

起業の失敗をブログでなげく30代や、管理職のポストが減らされた愚痴をツイッターで吐《と》露《ろ》する40代の存在も、若者の昭和的価値観への回帰に一役買ってしまっているのです。

秋田県で、女子高生数人にインタビューしたときのことです。驚いたのは、全員の口から「昔は川反（秋田最大の歓楽街）を歩くと、人の肩と肩がぶつかり合うほどにぎわっていたんだけど……」と同じセリフが聞かれたことです。

江戸時代、北前船《きたまえぶね》で米を運搬することで、秋田は巨大な富を得、当時の佐竹《さたけ》氏が芸術に造詣《ぞうけい》が深かったこともあり、豪華絢爛《けんらん》な文化が生まれました。明治以降も、金・銀・銅に石油と、鉱物・エネルギーバブルがつづき、北東北のなかでは冷害が少ないこともあり、川反が北東北最大の繁華街だった時期がありました。

しかし、それも今は昔。少なくとも今の女子高生がそのにぎわった川反を知るはずがありません。

ところが、祖父母などからの伝承、上の世代が書くブログでのなげきを見て、今の川反を憂《うれ》うようになっているのです。

岡山県の男子高校生も、口々に「岡山は災害が少ないから、人と人が助け合う機会が少なく、だから岡山の人は冷たい」と言っていました。さすがにこの現代で、台風被害が多い地域ですら人と人が助け合うシーンなんてそんなに頻繁には起こらないでしょうに……。

静岡市の女子高生たちも、「静岡市は、徳川家康が隠居地に選んだ平穏な場所だから、人々がのんびりしていて覇気《はき》がない」と言っていました。徳川家康存命の時から、４００年近く経っているにもかかわらず！

これらはすべて上の世代の言葉の受け売りなんでしょうが、地元のネガティブな情報が伝達される傾向は、若者から活気とやる気を奪い去るのに一役買ってしまっています。

また、日本全国どの地域でも、女子高生にインタビューしていると、「バブルに憧れる」とか「バブルの時代は良かった」といった話が出てきます。

バブルを知るはずもない女子高生が、バブルを懐かしむアラフォーたちの発言を聞き、自分は今という不遇な時代を生きているという意識を持ち、体験したこともないバブルという虚構に憧れと懐かしみを抱いてしまっているのです。

つまるところ、私たち大人が、今を活き活きと生きておらず、過去を懐かしみつづけていることが、新村社会での既視感醸成に大きく貢献してしまっているのです。

私は人情味あふれる下町出身だからかもしれませんが、個人的には会社は家族であり、ひとつの会社に心中するという昭和的な価値観を素晴らしいと思っています。

問題なのは、今の若者が、私やかつての団塊世代のように、企業に盲目的な帰属意識を持っていないのにもかかわらず、大企業願望や終身雇用願望を持つようになっていることです。

今の若者は、就職氷河期世代のように、昭和的価値観の限界を疑似体験してしまっているし、同時に、平成的価値観のリスクも疑似体験してしまっていて、結局のところ、現時点で無難と思われる昭和的価値観に身を置いているだけなのです。

勝間本全盛期に、専業主婦になりたい慶應女子

若者の安定志向を示す例は、他にもまだあります。

２００７年の内閣府「男女共同参画社会に関する世論調査」では、「男は仕事、女は家庭」に同感する20代女性が２００４年の34・８％から40・２％に増加。「結婚か子どもができたら仕事は辞めたい」という人も17・４％から21・２％に増えました。

取材しているなかでも、偏差値の高低にかかわらず、女子高生で専業主婦になりたいと話す人が多いのには驚かされます。

就職前の女子大生にも、若手女性社会人にもこの傾向は強く、「婚活」という言葉もこうした土壌があるからこそ普及したのかもしれません。

しかも、まだ若いのに、「収入の高い男性と結婚したい」とか「イケメンと結婚したい」といった話はあまり出てきません。むしろ、お金持ちやイケメンは浮気されそうで不安なの

で逆に嫌だ、ごく普通の人と結婚したい、という意見が多く出てきます。

今の若年女性が描く結婚像は、普通の旦那さんと結婚して専業主婦になる、ということになりつつあるのです。

私の母親は現在65歳ですが、大学を出たあとすぐに家事手伝いになり、社会に出ないで結婚しました。私が小さいとき、夫婦喧嘩の際に父親に「俺が食わせてやっているんだ！」と言われ、「私も働いておけばよかった」と母親が悔しがっていたことを覚えています。

戦後の高度成長期のなか、サラリーマンの給料が増える過程で、男性ひとりで家族を養えるようになり、大都市部を中心に専業主婦が増えていきました。私が東京の小学校に通っていた頃は１９８０年代でしたが、クラスの友達の母親はほとんどが専業主婦でした。

それから徐々に、私の母親の発言が象徴するように、働く女性が増えていき、１９８５年には男女雇用機会均等法が生まれ、女性の社会進出が進みました。

最近では、男性の雇用や賃金が不安定化・流動化していることもあり、大都市圏でも既婚や子持ちでもパートも含めた共働きをする家庭があたりまえのようになってきています。

ところが、こうした流れに逆らうように、今の若年女性の専業主婦願望は高くなってきているのです。仕事を夢見た私の母親世代からすれば信じられない現象かもしれませんし、これまた昭和的価値観への回帰と言えるでしょう。

もちろん、結婚しながら、あるいは子育てしながら女性が働く保育所などのインフラが、まだきちんと整備されていないという日本の問題点もありますが、それでも政府は男女参画社会の実現へ躍起になっていますし、マスコミもそれを後押ししています。子育てしながらキャリアウーマンとして働く勝間和代さんが超売れっ子になっているという現実もあります。

にもかかわらず、今の若い女性は専業主婦を望むようになっているのです。

男性の雇用や賃金が不安定なので、（仮に望んでいなくても）女性が働かざるを得なくなっていて、今の時代に専業主婦でいられるということは、ある所得以上の男性と結婚したということを意味し、だから、専業主婦のステイタスがかつてよりも上がっている——こうしたことも、若年女性の専業主婦願望を後押ししているのでしょう。

しかし、新村社会を覆う既視感も、やはり大きな原因のひとつになっています。

先日、慶應女子高校の5人にインタビューをしました。日本でいちばん難しいとも言われる学校の生徒なのに、インタビューに答えてくれたみんなが一様に専業主婦になりたいと口にしていて本当に驚きました。

男女参画社会のモデルとなる、バリバリのキャリアウーマンになるはずの彼女たちの口から躊躇《ちゅうちょ》なく出てくる、男女参画社会に逆行する言葉の数々——。

「世界的に有名なシェフを見ても、男性ばかりじゃないですか。スイーツの世界だってそう。こういう女性の得意分野でさえ、よく見れば頂点にいるのは男性ばかり。やっぱり、ひとつのことを頑張りつづけるのは男性のほうが向いているんです」

「ドラマの『アラフォー』を見ても、漫画の『働きマン』を読んでも、社会で頑張ってる女性って、無理しすぎていてイタいんです」

「女が自分で『負け犬』って言い始めたら終わりですよね」

どのセリフも、男性の口からはとても言えない辛辣《しんらつ》なものばかりですし、「僕の会社には、子育てしながら頑張って働く魅力的な女性がたくさんいるけどねえ……」とフォローしてみましたが、彼女たちには響きませんでした。

私は女性が専業主婦になることに、本人が望むのであれば賛成です（だから、収入的には厳しいですが、うちの妻も専業主婦です）。

とはいえ、あくまで職業は「本人が選択するべきこと」であって、私の妻のように、小さい頃から専業主婦が夢であった古いタイプの女性であれば、こんな不安定な時代でも専業主婦という立派な職業を堂々とやり遂げるべきだと思いますし、働きたいと望む女性であればバリバリ働くべきです。

重要なのは、本人が腹を括《くく》ってどちらか決断する、ということです。

インタビューに答えてくれた彼女たちは、腹を括って専業主婦に憧れているわけではなく、上の世代の働く女性を見て、女性が働きつづけることや、仕事と家庭を両立させることの難しさ、結婚しない女性の生きづらさなどを疑似体験してしまっています。

そして、専業主婦になることにもバリバリのキャリア女性になることにも腹を括れないいま、普通の男性と結婚して専業主婦になることが無難だと思ってしまっています。

今の若者は、新村社会に生じた既視感によって、雇用の昭和的価値観が崩れたのに、大企業・終身雇用願望を持つようになり、男女参画社会が叫ばれているのに、専業主婦願望を持つようになり、それらを心底望んでいるわけではないものの、結果として「無難な過去」に逆戻りしたいと考えるようになっているのです。

勝間ブームと対極にある「益若《ますわか》つばさ人気」

こうした傾向を、私は「消極的な昭和的価値観」と呼ぶことにしています。

「経済効果100億円の女」と言われる、カリスマギャルモデルの益若つばささん（彼女が紹介する商品は「つばさ売れ」と呼ばれ、売れまくる）は、こうした今の若者の複雑な気持ちにシンクロし、人気を博しています。

彼女自身が可愛く、旦那さんもイケメンのうえにモデル兼デザイナーで、可愛い子供にも恵まれていることも人気の理由のひとつでしょうが、いちばんの理由は、彼女の漠然とした不安からくる「安定志向」にあると思います。

彼女は、インタビューやテレビ番組でのコメントでよく、「仕事をいつまでやりつづけられるかわからない」「今の状況がつづくとは思わないようにしている」「金銭感覚を狂わせたくない。稼げると思ったら危険」「生活レベルを上げないようにしている」などといった発言をします。

事実、彼女は旬なモデルさんには珍しく、在住者には申し訳ないですが、足立区に住みつづけています。これまでの芸能人やモデルのように、六本木や広尾あたりに住もうなどとは思わず、陸の孤島と呼ばれる足立区から離れようとしません。

洋服も低価格で人気を博している「しまむら」が大好きで、「S♥leg」という自分のブランドをプロデュースしているほどです。

彼女はモデルで大成功しているのに、新村社会を取り巻く既視感の影響から、上昇志向と言うより安定志向を持ち、こうした要素が今のギャルたちの共感を呼んでいるのです。

そういえば、私がインタビューしたギャルの女子高生も、つばささんのブログを毎日欠かさず見て、彼女がブログで推薦したものをケータイで購入し、自分の彼氏よりもつばささんが大切だと言っていました。

いずれにせよ、益若さんは、シングルマザーで強烈な上昇志向を持つ勝間さんとはきわめて対照的で、これぞ世代差(時代差)と言えるかもしれません。

10代にして性欲を減退させる草食男子

先日、大学のゼミの後輩(24歳)に、電車のなかでばったり会いました。OB会で一度顔を合わせたことがあるので、彼が私のことを覚えていて、声をかけてきてくれたのです。

いろいろ話を聞いてみると、ハンサムで女性にもモテるはずの彼ですが、女性とつき合った経験が少ないそうで、休日は自宅にこもり、安部公房《こうぼう》(渋い!)の本に読みふけっているそうです。

　メディアでよく取り上げられる、今の若者の象徴的な生活です。本来であれば性欲旺盛《おうせい》な年齢のはずですが、彼女がいてもほとんどセックスをしないと言っていました。まさに「草食男子」です。

　新村社会を取り巻く既視感が、若者から性的な欲求も薄れさせているのです。

　これを良いことと捉《とら》えるか、悪いことと捉えるかは判断の分かれるところでしょうが、少なくともかつてであれば、思春期にいちばん興味を持っていた性的な事象に若者が興味を持たない傾向が出てきているのは、大きな変化ではあります。

　ただし、これは統計に基づいた結果ではなく、あくまで私が多くの若者にヒアリングするなかで感じた実感です。

　彼らは幼い頃から、バーチャルな性にアクセスすることが容易な環境で育ちました。彼らが小さい頃に、大都市圏を中心に徐々に共働き家庭が増えたので、いわゆる「鍵っ子」だった子も多くいます。

　学校から帰れば、親のいぬ間にパソコンやケータイでエッチな動画や画像をひとり見ることもできます。

第2章のデータではあまり表れませんでしたが（回答しづらい項目だったからかもしれません）、街で若者にヒアリングしていても、「よくもこれだけ知っているものだ」と関心してしまうくらい、男の子たちはエッチ動画が無料で見られるサイトを知っています。エッチ動画を見るためにしかパソコンを開かないという若者もたくさんいます。

大人でもこうしたサイトを見る人は多いかもしれませんが、大人の場合はおそらくパソコンで見る人が多いと思います。しかし彼らは、ケータイでもこういった動画を見るようです。自分の部屋のたとえば布団のなかで、ケータイでエッチ動画を見られてしまっては、親としては注意のしようがありません。

このように、今の若者は、無料のエッチ動画によって幼い頃から性的行為を疑似体験してしまっているのです。だから、極端に言えば、実際の女性の裸を見る前にすでに、性に対する興味を減らしてしまう傾向が出てきているのです。

もちろん、若者の性欲の減退は、生物学的な影響など複合的な要因もあるでしょう。しかし、高校生に取材をしていると、「エッチサイトはいつでも見られるから、頑張ってまで見ようとは思わない」と答える子が多くいて、驚かされます。きっと高校時代の私だったら、親が寝静まるのを待ち、ドキドキしながら毎日見ていたかもしれません……。

SNSで援交相手のサラリーマンを探す女子高生

もちろん、本当は肉食男子なのに、ガツガツと女の子を口説くとまわりからKYと判断されてしまうので、草食の仮面を被っている男の子もいるでしょう。

より正確に今の若者の状況を説明すると、性的欲求が減退方向に向かっている人と、逆に探究心を深める人とに二極化されているのだと思います。

新村社会にはたくさんの人間関係ツールが存在しますから、リアルな他人とのアクセスが容易になっています。だから、性的な探究心を深める若者は、どんどん深みにはまっていきやすいのも事実です。

先日、私が取材した女子高生の友人は、SNSを通して援助交際をしているとのことでした。出会い系カフェ、出会い系サイト、SNSの出会い系コミュニティへの規制が厳しくなるなか、彼女の友人はこうしたお店やサービスに頼らず、自分でSNS内の見ず知らずの個人のプロフィールを検索し、真面目そうな社会人に狙いを定め、誘いのメールを出すそうです。

「一足3000円の靴下を買ってもらいたいんだけど、何足買ってくれますか？」

SNSのメールで具体的な金額交渉（エッチをするといくら等）をしてしまうと、テキストデータが証拠として残り、警察にバレて捕まってしまう可能性があるので、隠語（もちろん本当に靴下を指しているわけではありません）を用いて社会人と交渉するのだと言います。警察の取り締まりに反比例するように、たったひとりの女子高生が、自分のスキルと裁量によって大人を品定めし、援助交際の交渉をするようになっているのです。

もちろん、こんなことをしている子はごく一部であってほしいところですが、しかし、お店やサイトを通さない個人交渉の援交の段階までできてしまうと、これは路上で女子高生が社会人をナンパするのと同じ行為なので、取り締まるのはなかなか困難だと思います（私も援交をやめるようにとその友人に伝えたのですが、どれだけ効果があるかわかりません……）。

放課後のセックスが日課の男子高校生

この前取材したある男子高校生は、ＳＮＳやプロフでその日にセックスできる他校の生徒を探し、学校帰りにエッチをして帰ることが日課になっていると豪語していました。

お金がなく、ホテル代が払えないので、エッチをする場所は、窓ガラスにスモークのかかったカラオケボックスか、スペースの間に仕切りのある漫画喫茶だそうです。

このように、援交でなくても、性に貪欲《どんよく》になった若者同士が、エリアや年齢を問わず、出会いやすいインフラができているのです。

上の世代の男性の多くが経験したことのある、エッチな本やアダルトビデオを兄貴や親父の部屋からこっそり借りたり、人通りがなくなるのを見計らって自動販売機でエッチな本を買ったり、レンタルビデオ店に父親のカードを握り締めながら緊張して入店するといった、性を求める青春の１ページは、今はもうドラマのなかにしか存在しません。

２００９年のヒット映画「おっぱいバレー」は、１９７９年の北九州市の公立中学校のバレー部の男子たちの生活を描いています。女性の裸しか頭にない部員たちに、女教師は優勝したら自分のおっぱいを見せる約束をし、以来、部員が俄然《がぜん》やる気を出すという物語です。

これは実話だそうですが、この物語のように、男子中学生がおっぱいに過剰に憧れるといったことはもはや桃源郷《とうげんきょう》になっているのです。

いずれにせよ、一部の若者の性的関心や行動は、かつてとは比べ物にならないくらい高まっているものの、全体的には、既視感によって減退傾向にあると思います。

最近では、「ホームレス中学生」ならぬ「セックスレス新婚」なる言葉も、若年新婚夫婦へのインタビューからよく聞かれるようになりました。

「あらら、お隣の新婚さんったらお盛んね～」というドリフターズのコントに出てきそうなセリフは、もはやオヤジギャグ化しているのです。

大人とつき合う中高生が増えている

「ネットによって若者が性的興味を失っているのは、教育的に見れば良いことではないか」と思う大人もいるかもしれませんが、仮に若者が性的興味を失っていても、大人が興味を持っているのであれば、援助交際などは成り立ってしまいます。

援交でなくとも、取材をしていると、中高生が学校や塾の先生などの大人とつき合うケースをよく耳にします。

ある愛媛の女子高生は、14歳のときに25歳の塾の先生から「週末に君だけに特別授業をしてあげる」と言われ、彼女自身も一度大人とつき合ってみたいという好奇心があり、週末に先生の家で勉強を教わったり、一緒にケーキ屋に行くようになったそうです。

ところが、次第に先生からのボディタッチが多くなり、この人といたら危ないと彼女は思い始め、今までのお礼を書いた手紙とプレゼントを入れた紙袋を先生の家のドアノブにかけて別れてきたと言っていました。

このケースであれば、彼女がしっかり者だったので何事もなく終わりましたが、取材したある女子高生は、こんな生々しい話を私に聞かせてくれました。

彼女の友達は小学校の頃から、インターネットのオンラインゲームにハマっていたそうです。オンラインゲームは、顔の見えない誰かと対戦するわけで、基本的に相手がどんな人か性別や年齢すらわかりません。

彼女はある日、オンラインゲーム上で毎日会話をつづけていた同い年の男の子とたまたま家も近所だったということもあり、会うことにしたそうです。しかし、現れたのはおじさん。おじさんは彼女に1000円を渡して、淫《みだ》らな行為に及ぼうとしたそうです。

悲惨な話ですが、こうした小学生を狩ろうとする恥ずかしい大人が、新村社会では生み出されやすくなったことも見逃してはいけません。

＊

さて、第4章と第5章では、新村社会を取り巻く「既視感」によって、今の若者の視野や行動範囲が狭まっていることについて述べてきました。

ここまでは、メディアでよく言われる「ケータイが若者にもたらした負の遺産」を詳細に説明したにすぎませんが、どんな薬にも副作用と副効用があるように、新村社会にもプラスの面があります。

つづく第6章では、世の中ではなぜかあまり語られない、新村社会の副効用についてお話ししていきたいと思います。

ケータイ悪玉論ばかりが叫ばれていますが、新村社会では過去の時代にはなかった明るい光が差し始めているのも事実です。

私が実はもっとも問題だと感じているのは、こればかりは致し方ないこととも言えるのですが、家庭の経済事情や親の教育方針によって、新村社会でケータイを持っていないごく一部の若者です。

ある札幌市のケータイを持っていない高校生は、ケータイによるいじめやトラブルや既視感からはたしかに守られていました。しかしその代わりに、詳しくは次章で説明しますが、彼はネットワーク力を持つチャンスも失っていたのです。

ごく親しい竹馬の友とだけつるみ、朝から晩までカードゲームをやって過ごし、新しい出会いや情報もなく、私の印象として、年齢のわりにとても幼く感じられました。

多くの若者にインタビューした結果、やはり私は、若者にはケータイを持たせ、いろいろなデメリットを乗り越えながら、それを有効に使用させるべきだと思っています。

第6章 つながりに目覚めた若者ネットワーカー
——新村社会の勝ち組とは

1000人規模のイベントを開催する高校生・大学生が増殖

若者のネットワークが広がった結果、大人以上にそのネットワークを活用する若者が出現し始めています。

今の高校生や大学生にインタビューしていると、地域を問わず、500〜1000人を集客するイベントを開催する子がたくさんいることに驚かされます。

もちろん、一部の活動的な若者の動向ですが、もう少し小さい規模、たとえば100人とか200人程度のイベントまで含めると、全国のいたるところで開催されているのです。

たとえば、NPO法人などに所属し、全国数百人の同じ志の人たちと交流する若者が増えています。熊本では、地場の洋服屋と組み、地場のファッションを盛り上げることをコンセプトに、クラブで毎週300人規模のファッションイベントを開催する男子大学生がいました。

メディアで話題の「ギャルサー」などもその一例でしょう。ギャルサーとはギャルがつくるサークルのことで、クラブで音楽やダンスイベントを開くことを活動内容としています。

違う地域のギャルサー同士がコラボすることも多くあり、ひとつのイベントを実現するために総勢500人で毎週ミーティングを開いたりもしているようです。

最近では、農業や植林を行うギャルサーも出てきているとのこと。

また、まだ高校生なのに、自分のライブに１００人以上のお客さんを呼び、チケットとCDを販売している子もたくさんいます。

これも新村社会の空気を読む特徴のひとつなのでしょうが、主催者である友達がチケットをさばくのに苦労しているだろうと気遣い、チケットを買ってあげ、ライブに観客として行き、盛り上げるためにノリノリで熱狂してあげる。その代わりに、来てもらったバンド側の方も、来てくれた友人に何か他のときに還元する（たとえば、その友人の文化祭に行ってあげるなど）。

新村社会では、かつての村社会のような持ちつ持たれつの関係があちらこちらに存在していて、だからこそ、大きな規模のイベントが開かれるようになっているのでしょう。

今でも山梨県などには存在しているようですが、まるでかつて日本の村社会にあった「無《む》尽《じん》」（あるいは、頼母子講《たのもしこう》）のような動きが、全国的に若者の間で生まれてきているのです。

ちなみに「無尽」とは、金銭の融通を目的とする民間互助組織で、構成員が掛け金を出し、くじや入札で決めた当選者に一定の金額を給付する、といったものです。

戦後、徐々に日本から村社会が減っていき、人間関係が希薄化していくなかで、若者たちは自らこの「無尽」を復活させ、人間関係や絆を強化しているのです。

これは、かつての強制力を持った「無尽」とは異なり、自発的で互いに気持ち良い「新しい無尽」です。地域共同体が崩壊するなか、若者たちは新しい共同体を自らつくりだそうとしているのです。

武道館を貸し切る大学生団体

読者の皆さんが高校生や大学生だったときを思い返していただくと、知り合いの知り合いをたどっても、500人や1000人もの人を集められる子はほとんどいなかったのではないでしょうか。

高校時代の私なんて、せいぜい10人、どんなに頑張っても20人くらいしか集客できなかったと思います。ましてお金を取って大人数を集客するなんて、絶対できなかった自信さえあります。

なお、彼らが開催する大規模イベントの主な内容は、ダンスだったり、ライブだったり、環境や平和やボランティアをテーマにしたものだったりと、学校に頼らない文化祭のようなものが多いようです。場所は、クラブやライブハウスを借り切ったり、東京でいえば代々木公園などの大きい公園のなかで行います。

私が知り合ったある大学生団体は所属員が200名以上いて、学生たちで企業まわりをし、協賛金を募《つの》り（結構厳しいノルマがあるそうです）、ダンスショーやファッションショーを中心としたイベントを赤坂ブリッツや武道館で行っています。学生団体最大規模の発行部数を誇るフリーペーパー（約5万部）も作成しています。

ただし、もともと社交的な人にとっては、こういった大規模団体の活動は楽しいでしょうが、なかには大規模団体に所属しているということ自体にステイタスを感じ、本音では企業からの協賛金集めがつらかったり、所属員が多すぎて居心地悪く感じているのに、こうした団体を辞められない子もいるようです。

友人関係がその人を測る指標になっている新村社会で、友人の質ではなく、その数に依存してしまっている若者を象徴する出来事だと言えるかもしれません。


学校も地域も家庭環境も異なる者同士がつるむ「新・渋谷系の若者たち」


広がったネットワークを有効活用する若者の例は、他にもたくさんあります。

数年前から東京では、学校や所属がばらばらの若者たち（高校生くらいの年齢）が渋谷などに集まって遊ぶ、といった動きが出てきています。

私は彼らを「新・渋谷系の若者たち」と呼んでいますが、どうしてこう名づけるのかといえば、「渋谷系の若者たち」と言ってしまうと、ギャルやギャル男など、渋谷の象徴的な若者が大人にイメージされてしまいがちだからです。

この「新・渋谷系の若者たち」は、ギャルやギャル男ではなく、見た目は普通の若者です。ただしみんな、可愛いとか、かっこいいとか、お洒落だとか、友達が多いとか、自分のどこかにある程度自信を持っていて、だからこそ、学校内ではなかなか見つからない学外のイケている者を求め、渋谷に集って夜な夜な遊ぶのです（彼らのなかには学校を見下している子も多い）。

彼らの出会いは、たとえばある学校の文化祭でたまたま友人に会ったときに、その友人と一緒にいる子とメアド交換をし、メールのやり取りをしているうちにいつの間にか仲良くなったり、クラブに行って友達の友達と仲良くなったりと、場所や時間を問わず、さまざまなところで発生します。

そして、最初数人だけだった学校を超えた集まりにそれぞれが面白い友人を連れて来るうちに、いつの間にか規模が拡大し、グループを形成するようになるのです。

ただし、このように学校以外の人と仲良くなっていく現象は、「新・渋谷系の若者たち」のような一部の若者たちの間だけで起こっているわけではなく、ごく一般的な若者の間でも起こっています。

たとえば、吹奏楽部に所属していて、他校に遠征に行ったときに、その学校の子とメアドを交換し、メールのやり取りをしているうちに仲良くなり、いつの間にか一緒に遊ぶようになるなど、ごく普通に起こっている現象なのです。

たくさんの「新・渋谷系の若者たち」に私はインタビューしましたが、彼らを見ていて面白いと思う点は、彼らの「家庭環境」も「偏差値」も「地域」も、まったくばらばらだということです。

偏差値が高い子も低い子もいますし、高校を中退した子もいます。お金持ちのご子息や中流家庭の子供、母子家庭で経済的に厳しい家庭環境にいる子も、フリーターもアパレルショップ店員もキャバクラ嬢もいたりします。八王子に住んでいる子もいれば、広尾在住のお嬢様もいるのです。

くり返しになりますが、今の若者の人間関係は、昔のように学校や部活などの所属団体内で閉じられることはなく、「家庭環境」「偏差値」「地域」などを凌駕《りょうが》して広がり始めているのです。

高校生からOB訪問の依頼メールが届く時代

新村社会では、人間関係が「年齢」をも超えて広がることがあります。

たとえば最近では、まだ高校生なのに、自ら企業のインターンシップ（学生が企業で短期間業務を体験すること）に申し込む人までいます。申し込んだ結果、なかには実際にベンチャー企業などで働く子も出てきていますし、興味のある企業に勤める社会人にＯＢ訪問を申し込む子も増えています。

実は私自身、ＳＮＳを介し、高校生や大学生から実際に会って仕事の話を聞かせてほしいとアプローチを受けることが年々増えてきています。

ただし、申し込んでくる子の多くは、私の高校や大学の後輩ではないので、厳密に言うと「ＯＢ訪問」という言葉は当てはまらないのですが。

書籍『13歳のハローワーク』（村上龍著／２００３年・幻冬舎）に象徴されるように、今の若者はニートやフリーターの増加に焦る社会から、将来どういった職業に就《つ》くかを小さい頃から模索させられるようになっています。

こうした社会的潮流のなか、経済不安・雇用不安も圧力となり、まわりの子よりも先《さき》んじて就職活動しようと考える若者が増えているのだと思います。
私が高校生のときなどは、将来の職業のことなんてこれっぽっちも考えていませんでしたが（読者の皆さんの多くもそうでしたよね？）、どうせアルバイトをしないといけないのであれば、ただ目先の小遣いを稼ぐためだけに働くのではなく、将来の職業につながるような経験をいち早くしようと、一部の高校生たちは、高校生でありながらすでに考え始めるようになっているのです。

《高校生から私に届いた突然のメール・良い例》
突然のメール失礼いたします（＾o＾）
私は○○高校の△△と申します。
現在自分の将来について悶々《もんもん》と悩んでいる高校生です。
私は就職を考えるにあたって、御社に非常に興味を持っており、ＳＮＳでぶらぶら検索していたところ、原田さんを発見しプロフィールを見て思わずメールを送らせて頂きました。
つきましては、非常に恐縮なのですがＯＢ訪問をさせて頂けないでしょうか？　きっとお仕事がお忙しいと思いますので、もし難しそうな場合は断って下さって結構です。
私の住んでいるところは少し遠いのですが、そちらに出向くことも可能です。
突然のメールでこんなお願いをしてしまい、失礼極まりないこと重々承知しておりますが、
返事をいただけたら非常に嬉しいですm(_ _)m
(高校3年生・男子)

【感想】 ところどころに絵文字が入っていたり、「そちらに出向くことも可能です」といった文言(なんで私が出向かないといけないんだ！)など、ツッコミどころは多々ありますが、私にアクセスしてきた経緯や謝罪等々の文言が書かれているので、高校生としては良い例だと思います。

《高校生から私に届いた突然のメール・悪い例》
私も杉並区に住んでいます
いつか御社に転職したいと思っています　色々お話し聞かせて下さい(+_+)
(高校2年生・女子)

【感想】どこからの情報かわかりませんが、私は杉並区には住んでいません。かつ、なぜ最初から「転職」を考えているのかも気になります。相手の忙しい事情等々に配慮した文言も入れたほうが良いでしょう。

《大学生から私に届いた突然のメール・悪い例》

急なメールすみません。
僕は最近就活を始めた大学3年生です。
どうしてもやりたい仕事があってそのために自分なりに頑張っています。
でも不安や疑問がたくさんあります。
お忙しいとは思いますがいろいろと話をきかせていただきたいです。
まだSNSをはじめたばかりですが、ぜひともマイミクになってください。
(大学3年生・男子)

【感想】就職に対する悩みはわかりますが、自分の状況だけではなく、相手に配慮した文言も入れるべきでしょう。しかも、いきなりのマイミク申請はさすがに失礼かと……。

これらの事例のように、ＳＮＳ経由で私のところに若者からメールが送られてくることが多く、ときに無礼でイラッとすることもありますが、まだ若いから多少は仕方ないし（と無理矢理納得している）、前向きに生きようとする姿勢を応援したいので、大概のことには目をつむり、なるべく会うようにしています。

特にあまり有名でない大学に通う学生で、学生課に行ってＯＢ名簿を見ても、自分が入りたい企業に就職しているＯＢが少ない学生の間で、この「ＯＢじゃない人へのＯＢ訪問」が盛んになっています。

かつてであれば、「俺の大学にはあの企業に入った先輩がいないし、俺なんか入れるはずがない」と最初から諦めていた学生が多かったと思いますが、実際に受かるかどうかは別にして、今では情報戦・人脈戦という点で、自分の積極性如何《いかん》によっては偏差値によるハンディキャップを補える時代になったのです。

これは新村社会の功績とも言え、ネットワークを有効活用しようとする行動力さえあれば、かつて大きな壁として存在していた「偏差値格差」や「所得格差」を覆す可能性が生まれ始めているのです。

以前、こんなこともありました。

私の部署で発行していたメールマガジンを高校生の起業家の男子が定期購読していて、その彼から「弊社は若者ネットワークをたくさん持っているので、御社が若者に調査を行う際はぜひ弊社を使ってください」と営業メールがきたのです。

私が高校生のときには、高校生で株式会社の社長なんてほぼいなかったでしょうし、高校生が企業に営業メールを出す、なんて行為もなかったでしょう。広告会社の存在自体を知っている人も少なかったのではないでしょうか。

新村社会では、年代を問わず、会いたい人に会うチャンスを自らつくりだす若者が出現し始めているのです。

1時間単位でいる街と会う友達が変わる「神出鬼没な女子高生」

こんな例もありました。

以前、私がある若者向け商品についてのマーケティング調査を担当したときの話です。

その調査は、高校生数人にひとり1台ずつビデオカメラを持たせ、起きている間中ずっと、しかも2週間、生活のすべてを撮影してもらう、といったものでした。

若者向けの商品開発を行ううえで、彼らのリアルな生活を把握することが目的でした。

「1日10時間以上も録画されたビデオテープを、2週間分も見るなんて……」と私は憂鬱《ゆううつ》になりました。高校生の日々の生活なんて単調で面白いわけがない、と。

ところが、彼らの映像を見始めてみると、あまりに面白く、私は早送りすることなくすべてのビデオを見尽くしてしまったのです。特に、ある女子高生の生活に私の目は釘付けになりました。

彼女の典型的な一日の生活を紹介しましょう。

まず、VTRは彼女が起床した直後からスタートします。

パジャマ姿でぼさぼさの髪。ビデオに向かって寝ぼけ眼《まなこ》で「おはようございます」と言うところから、彼女の一日はスタートします。

親は起きてこず、彼女は朝飯を食べないでひとり高校に向かいます。

電車のなかでもビデオを撮っているので、まわりの人たちの不思議そうな顔が映っています。学校に着くと、ビデオに手を振る人や、ふざけた顔をしながら近づいてくる友人がたくさん映り込んできます。

授業が始まってから、授業後の部活動までは、昔となんら変わらない単調な学校風景が映っています。

世代の変化をはっきりと感じたのは、部活が終わったあとからの映像です。

部活後、彼女は原宿の美容院に行き、美容師さんに髪を切られながら恋愛相談をします。

美容院後、彼女と違う制服を着ている他校の女子と渋谷で会い、小一時間、カフェでおしゃべりをして過ごします。

カフェ後、新宿に電車で移動し、また別の学校の女友達と、ウィンドーショッピングやプリクラ撮影をします。

新宿後、彼氏と池袋で会い、ファミレスで一緒にご飯を食べます。

彼氏と別れたあと、電車で地元の駅に戻り、ジャージ姿のギャルの地元友達（おそらくフリーター）と会い、一緒に漫画喫茶に入ります。最近の漫画喫茶は、ただ漫画を読んだりインターネットをするだけではなく、友達と話すスペースがあったり、ゲームセンターのようなゲームが置いてあるスペースがあるので、ふたりでエアホッケーをして楽しみます。

そうしているうちに、他の地元友達数人が合流し、みんなでカラオケに行こう、という話になります。しかし、明日早いからということで彼女はひとり帰路につきます。

帰りにコンビニに寄り、唐揚弁当と野菜ジュース（健康志向なのか、そうでないのかわからない食生活ですよね）を買います。レジの男性も、彼女の小学校か中学校の同級生のようで、他に客がいなかったこともあり、彼と数分話し込みます。

そして、ようやく自宅に帰ります。

なんとまあ、慌ただしい生活ではありませんか。１時間単位でいる街が変わり会う人が変わるという神出鬼没な生活を、ごく普通の女子高生である彼女は送っているのです。

こうした彼女の生活のベースにあるのは、言わずもがな新村社会のネットワークというインフラです。彼女は、そのときの気分に合った街に行き、そのときの気分に合った友人と過ごしているのです。

新村社会のネットワークが若者の間に既視感を生み、視野や行動範囲を狭めていることを前述しましたが、一方で、一部の行動力ある若者はこのネットワークを活用し、かつてでは考えられない大規模イベントを開いたり、高校生なのに企業にインターンをしたり、社会人にＯＢ訪問したり、１時間ごとにいる街と会う友達を変えるようにまで変化してきているのです。

こうしたアグレッシブな若者は、上の世代が若者だった頃よりも、視野と行動範囲を確実に拡大しているといえるのではないでしょうか。

慶應と早稲田の校風の違いがなくなりつつある

若者がネットワークを活用している例は、他にいくらでもあります。

いきなり私事ですが、私の父は早稲田大学出身です。貧しい家庭に育った父は、大学受験のときに自分の父親から、「慶應は金持ちが多いから、お前なんかが行ったら惨《みじ》めになるだけだ」と言われ、慶應に敵対心を持つようになりました。

かつてはこのように、早稲田と慶應はライバル関係にあり、明確な校風の違いがあったと思います。バンカラな早稲田とスノビッシュな慶應、といったイメージが一般的で、早稲田出身の人間と慶應出身の人間が集えば、たまに口論になったり、やっぱり早慶戦（慶應の学生は「慶早戦」と呼ぶ）がいちばん盛り上がるよね、なんて、ある種の一体感が生まれたりもしたのではないでしょうか。

ところが、新村社会の到来とともに、慶應と早稲田の校風の差が少なくなっているのです。

私の高校時代は、慶應義塾高校の生徒と早稲田高等学院の生徒は、学校のあるエリアも違う（慶應は神奈川県の日吉《ひよし》、早稲田は東京都の上石神井《かみしやくじい》）ので、そもそも出会う接点が少なかったし、なんとなくライバル同士であるという意識の壁がまだ残っていました。

ところが、新村社会では若者のネットワークが広がったので、学校内だけの人間関係で閉じておらず、むしろ学校の友達は数あるグループのうちの単なる一グループ（one of them）にすぎなくなりました。

前述した大規模イベントなども、早稲田と慶應の高校生が組んで主催しているものもたくさんあります。同じ学校という枠組みよりも、そのイベントに興味があるかどうか、そして、同程度にネットワークが広いかどうかが、友人の条件として重要になっているのです。

異人種くっつき現象

若者がネットワークを活用するということは、言い換えると、自分と似たタイプとばかりつるまず、まったく違うタイプともつながるようになったということを意味しています。

ところで、皆さんは「ワロス」という言葉をご存知でしょうか。

これは、掲示板「2ちゃんねる」で使われる用語で、「(笑)」と同じ意味です。このアキバ系のオタク用語を、センター街に生息するギャルたちが使うようになっています。

一見交流がなさそうなオタクとギャルですが、この異文化コミュニケーションが成り立つ時代になってきているのです。

『ＮＡＮＡ』（集英社）という漫画がありますが、これはふたりの「ナナ」という同じ名前の女の子が、ひょんなことで出会い、強い友情を築いていくというストーリーで、映画化もされ、若者に人気を博しています。

実はこのふたりのナナに、ギャルの間でオタク用語が流行るヒントが隠されています。バンドでの成功を目指すひとりのナナは、気が強い女の子で、ロックンロール調の格好をしています。もうひとりのナナは、気が弱くて控《ひか》え目な女の子らしい女の子。言わばまったく対照的なふたりが友情を築くというこの設定は、今の若者の姿そのものなのです。

私たち大人が高校生のときには、たとえば、ある女の子のグループを見ると、全員の洋服のセンスが似通っていたり、可愛いと思うモノが似ていたりと、基本的には価値観やファッションの似た者同士が結びついていたと思います。

しかし、今の若者の間では、まったく違う服装のふたりが仲良く街を歩いているなんてことがざらにあります。これも、新村社会のネットワークが広がったからこその現象で、ネットワークを有効に使うオタクは、かつてであればまったく接点のなかったギャルとも仲良く過ごすようになってきているのです。

ギャルの間でオタク語が流行るのも、まさにこの新村社会の「異人種くっつき現象」が引き起こしています。

現実の生活が充実している人をちょっと揶揄する言葉「リア充《じゅう》」（「リアル充実」の略）も、「お疲れ」や「ドンマイ」を表す「乙《おつ》」も、「終わった」を表す「オワタ」も、「すごい！（神みたいだ！）」を表す「ネ申《かみ》（横書きで書くと「神」という字になる）」も、もともとは2ちゃん用語から普及した、多くの若者が普通に使用する言葉なのです。

オタクやガリ勉がお洒落になってきている!?

異人種くっつき現象の別の例として、最近、秋葉原や池袋で取材をしていてよく感じるのが、ファッションを気遣うお洒落なオタクが増えてきたことです。

オタクの方には申し訳ありませんが、オタクといえば、あまり洋服に気を遣わないというのがこれまでの一般的なイメージだったと思います。

しかし、新村社会のオタクは、もちろんファッションに気を遣わない古典的なオタクも存在してはいますが、少なくとも上の世代のオタクと比べると、普通の人と遜色《そんしょく》ない洋服を着たり、ときにお洒落な格好までするようになっているのです。

テレビでオタクを特集した番組を見ると、演出のひとつなのでしょうが、ファッションがダサい、いかにもオタク然としているオタクに意図的にインタビューしていることが多いように感じます。

しかも、こうした番組に出てくるオタクは、中年である団塊ジュニアだったりすることが多いのです。ある意味これは仕方がないことで、ダサいオタクは、若い世代では少なくなっているのです。

先日、私がインタビューした高校生のオタクは、むしろ一般の高校生よりもお洒落でした。バイト代で稼いだかなりの額を、自分が好きな漫画やフィギュアとともに、洋服代にもかけていました。上の世代のオタクであれば、洋服に使うお金があれば、少しでも高いフィギュアを買っていると思います。

彼曰く、中学生まではファッションに興味がなく、母親が買ってきた洋服しか着ず、異性の目に踊らされ、ファッションごときに興味を持ち、好きなことだけにハマれないクラスメートを見下していました。

ところが、高校入学後、ある日たまたまコミケ（コミックマーケット）に行ったところ、同じ中学だった友人と遭遇したそうです。

その友人は、中学時代は彼と同じダサいオタクだったはずなのに、とてもファッショナブルになっていて驚いたそうです。知らない間に洗練されたその友達は、オタクとしての知識量も衰えているわけではないのに、それでいてファッションもイケていて、彼の目には人間的にバランスがとても良いように映ったと言います。

そのファッショナブルオタクが入った高校は、偏差値は低かったものの、ファッションや髪型に関心が高く、ファッションや美容系の専門学校に進学する学生が多いそうで、最初は毛色の違う高校に来てしまったとなげいていたようですが、徐々にまわりと打ち解けていき、影響を受けていったようです。

旧友に「オタクだって、ファッショナブルがいいじゃない」と強烈なひと言を言い放たれ、彼はその後、クラスのファッションリーダーにファッションの薫陶《くんとう》を受けに行きました。

そして、ネット上で知り合ったオタクたちを「脱オタファッションオフ会」「脱非モテファッションオフ会」などとネーミングしたオフ会に呼びつけ、彼らにファッションのレクチャーをするようになりました。

今では本当にときどきだそうですが、街で雑誌社から声をかけられ、スナップ写真を撮られる「読モ」（読者モデル）をすることもあるようです。

これと同じような例が、ガリ勉にもあります。

私が卒業した高校は「ガリ勉校」として有名なのですが、かつてガリ勉校と言われた高校の卒業アルバムを10年連続でめくってみると、生徒の髪型やファッションが年々お洒落になっていくのに驚かされると思います。

かつての東京では、自由な都立高校（共学が多いため異性の目を意識せざるを得ない）や、偏差値の低い高校のほうがファッショナブルな傾向が強く、高偏差値のガリ勉校の生徒は、勉強に意識が向かうのかそもそもファッションセンスが足りない人がガリ勉校に入るのか、いずれにせよ、ダサい人の割合が高かったと思います。

当時の私の写真などは、もう見られたものではありません。

つまり、偏差値とファッション度は、ある程度逆相関の関係にあったと思います。ガリ勉校の生徒は大学に入ってから、遅い人の場合は社会人になってから、徐々にファッションを気にするようになっていったりしたものです。

ところが最近は、ガリ勉校に通い、勉強もできる子が、私服もお洒落。眉毛は整えて細く、髪の毛にはシャギーが入っていたりして、なかにはジャニーズ系と思える子さえ出現しています。

てきたのです。

異人種くっつき現象が起こり、かつてでは想像できなかったお洒落なオタクやガリ勉が出

昔であれば、オタクもガリ勉も、似た人種同士の閉じた世界で生きていれば良く、ダサくてもOKだったわけですが、今ではオタクはギャルやギャル男ともつながるし、ガリ勉とジャニーズ系もつながるし、ネットワークを活用しようとする若者は、異人種から、自分とは違う情報やスキルを得られる時代になっているのです。

上流と下流がつながることで何が起こったか？

お洒落なオタクやガリ勉が増えるなか、お洒落になり切れない若者は、かつて以上に、自分のダサさを認識させられる状況になっています。まわりの若者からも、かつて以上に「ダサいやつ」という烙印《らくいん》を押されやすくなっているのです。

112ページで紹介した「群馬の中心で〝童貞じゃない！〟と叫ぶマスクマン」も、まさにこの若者の息苦しさを表している例と言えます。

こうした外部からの批判の目や劣等感から逃れるために、居心地の良い地元や自室で似た者同士だけで固まり、結果、半径5キロメートルの生活にひきこもってしまう若者が逆に増

えていることも事実です。

昔であれば、たとえばヤンキー同士、外の世界に目を向けず、似た者同士の閉じた世界とルールで居心地良く生活することができました。社会保障がないフリーターであっても、フリーター同士でつるんでいれば、将来の不安などはあまり感じずに済みました。

ところが、新村社会のネットワークは広く、情報量も膨大なので、上流の情報が下流の耳にも入ってきます。地元で閉塞しているヤンキーやフリーターに、中学時代の同級生で偏差値の高い高校に行った子たちが、大規模イベントを開いているという話や、いい大学や会社に入ったという話、どうやら高い給料をもらっているという噂が入ってくるのです。

同級生の活躍を聞くと、地元にひきこもって変化ない生活を送っているぶん、逆に、「あいつらはすげえなあ、どうせ自分なんて頑張っても無駄。自分の人生なんてたかが知れてる」と諦めてしまう人が増えています。

こうしたネガティブな情報の流通は、上流から下流への流れに限ったことではありません。上流への下流情報の流入で、下流化する上流も増えているのです。

たとえば、私が取材したある東大生は、せっかく東大に入ったのに、東大の友達とは一切つき合わず、サークルやゼミにも入らず、昔からの地元友達（ニートやフリーター）と四六時中つるんでいました。

大学にもあまり行かず、行ったとしても授業が終わったら地元友達の家に直行し、ずっと一緒にゲームをすると言うのです。

せっかく大学という新しい環境に所属したのに、そして東大という優秀な人材との出会いの巣窟《そうくつ》に入ったのに、居心地の良い地元ネットワークに固執し、下流情報を得て、視野も行動範囲も広がらず、結果、なんの変化もない中学時代と同じ「地続き生活」を送っているのです。

また、私が取材したある有名女子大に通う女性も、つるんでいる地元友達の多くがキャバクラ嬢で、結果、彼女の男友達といえばホストばかりだそうで、ほとんど大学生と交わらない生活を送っていました。

もちろん、職業に貴賤《きせん》はないし、キャバ嬢やホストからしか得られない情報や経験だってあるでしょう。しかし、友達の多くがキャバ嬢とホストというのは、自分がキャバ嬢をしているのであればわかりますが、有名女子大に通う女性としては偏ったネットワークです。

ある20代半ばのエリート外資系金融マンも、下流化していました。彼はとても優秀らしく、金融危機以前はまだ20代であるにもかかわらず、年収が1億円近くあったそうです。

ところが、彼もまた地元友達とばかりつるんで生活しているので、収入に見合った消費を行いません。会社が終わると地元に帰り、地元友達とファミレスに行くか、コンビニで買ったカップラーメンを地元友達の家で食べて過ごしているようです。

カップラーメンは日本の偉大な文化ですし、どの所得階層の人が食べてもおいしい食べ物ですが、しかし、年収が１億円もある人間が、毎日カップラーメンやファミレス、ファストフード店で飯を食べ、実家に住み、車を買わず、海外旅行どころか繁華街にさえ行かないなんて、これでは経済が回っていくはずがありません。

格差の時代と言われていますが、深刻なのは所得格差そのものよりも、上流の下流化による消費の停滞なのかもしれません。

新村社会の勝ち組とは

ある偏差値の高い高校に通う男子が、こんなことを言っていました。

「僕は、地元友達とも高校のイケてるやつらともよく遊びます。見下せる人間関係（地元友達）と刺激ある人間関係（高校の友達）のふたつのグループとつき合うことで、心のバランスが保てるんです」

彼曰く、彼の地元である埼玉県のある地域は、偏差値的にあまりレベルの高いエリアではなく、「バカばっかり」。多くが、偏差値が低い地元の公立高校に通うか、高校を中退してフリーターになっていて、毎日、小学校・中学校からの友達と地元でつるんで過ごしているようです。

東京の進学校に通う彼から見ると、地元友達は視野も行動範囲も狭く、刺激を受ける対象ではないとのこと。しかし、彼らは気心知れた友達であり、バカであるぶん、とてもピュアで一緒にいると癒《いや》されるそうです。

それに彼らは暇なぶん、女のことばかり考えているので、モテるためにファッションを研究して格好がイケているので、彼らと比べるとダサい進学校の友達とは違い、お洒落という点で学びがあるとも言います。

一方、進学校の友達は勉強ができるし、バラエティに富んだネットワークも持っていて互いに競い合える。しかし、ライバル意識が強く、ときにどちらが上か争ったり、お互い相手の人脈を乗っ取ろうと目論んだりと、ある種疲れる間柄。

だから、地元友達からは下流情報（ファッションや女性の口説き方等々）を得て癒され、進学校友達からは上流情報（受験や大規模イベント情報等々）を得て刺激を得ることで、心のバランスを保っていると言うのです。

彼のネットワークの場合は、偏差値の高低両方の若者とつき合うという点に重点が置かれていますが、こういったまったく違ったタイプの友人たちと意図的につながる若者が急増しているのです。

見た目は普通なのに「超ネットワーカー」の若者が増えている

実はこの本自体、こういうネットワーカーの高校生・大学生の協力に支えられて、つくられています。

いちばん協力してもらったある大学生の話をしましょう。

彼は、エスカレーター式の付属高校出身で大学受験がなかったため、高校時代にネットワークを構築するのに、たくさんの時間と労力を費やすことができました。付属高校の同級生のなかでも中心人物で、他の私立・公立校の子とも幅広くつるみ、高校時代にいろいろなイベントを開催していました。

高校時代に彼が主要な役割を果たしていたイベントは主に3つ。

ひとつ目は、高校の文化祭。関東最大規模のイベントだそうで、1年間かけて準備が行われ、2日間で2万人近い他校の来場者があるそうです。普通の学校の文化祭に2万人近い集客があるなんて、たった一校の生徒たちの人脈を集約しただけなのに、恐るべきネットワーク力と言えます。

ふたつ目が、「新・渋谷系の若者たち」（彼も「新・渋谷系若者たち」のひとり）による学校を超えたイベント。都内某所で行われるバンド&ダンスをメインとする音楽イベントがそれで、「学生アーティストに表現の場を」というコンセプトのもと、毎年オーディション審査で競争を勝ち抜いたアーティストたちが2日間延べ1500人の来場者の前でパフォーマンスを行うそうです。

三つ目が、主に首都圏の大学の付属高校に通う高校生たちで開催される合同の卒業パーティー。渋谷のクラブを貸し切った約500人規模のイベントで、バンド、ダンス、ビンゴ大会や芸能人招致なども行われるようです。

彼は、こんなたくさんのイベントを開きながら、地元の高校生やフリーターともつながっています。

大学生になった今では、アルバイトをしながら、私の仕事も手伝ってくれるなど、社会人ともつながっています。また最近では、企業に若者を派遣するサークルをつくったそうです。

この活動を簡単に言えば、彼のネットワーク力を活かした紹介業のようなもので、「○○のバイトをやりたい子を見つけてほしい」「インタビュー調査を行いたいから、△△なタイプの学生を紹介してほしい」という企業のオーダーに応える団体です。

紹介される学生の方からしても、普通のバイト雑誌で居酒屋バイトなどを探すよりも社会のことがわかり、また就職にも役立つので、学生ウケが良いそうです。

「今度はもっと頭の良い学校の子を連れて来てよ」

「フリーターに取材したいなあ」

「読モ（読者モデル）の子に会わせて」

「足立区竹ノ塚の男子にインタビューさせてよ」

私は彼と会うたびに自由気ままにオーダーを出しますが、彼は私のオーダーに完璧に応えてくれます。しかも、私のインタビューにいつも同席してくれて、「今の子の発言は○○っていう意味ですよ」とか、「僕ら世代は△△って考えが普通だと思います」など、おじさんの私にはわからない部分を解説してくれるのです。

おじさんである私だけで分析するよりも、若者である彼の視点を入れて分析すると、私としても若者に対する理解が本当に深まるのです。

こういった言わば「超ネットワーカー」は彼の他にも大勢いて、若者が海外に興味を失いつつあると言われるなか、海外留学経験があったり、海外志向を持っている人間も多くいます。

こういった子たちは、使っているSNSを見ても、日本の友人との関係を維持するために日本規格のミクシィやグリーを使いながら、世界の若者に普及している「facebook」なども同時に使いこなし、世界の若者たちともつながっています。

つまり、彼らのようなネットワーカーたちは、もちろん人によって程度の差はありますが、地元友達ともその他の地域の友達とも、人によっては海外の友達とも、そして社会人とも有機的につながり、視野と行動範囲と交際範囲の広さを有するようになっているのです。

世代や地域や国を超えてネットワークを活用しているという点で、新村社会の勝ち組モデルの象徴と言えるでしょう。

中国に精通する、グローバル化した中卒フリーター

「偏差値の高い学校に通う子のなかには、ネットワークを活用している若者がいることはわ

かった。でも、偏差値の低い学校に通う子やフリーターやニートは、ネットワークなんて狭く、地元で竹馬の友と過ごすか、自宅でひとり、ひきこもっているんじゃないの?」と考える方もいるかもしれません。

たしかに、ネットワークを活用しているかどうかは、偏差値の高低と相関性がないわけではないのですが(偏差値の高い子のほうがネットワークを活用する傾向はある)、しかし偏差値が低くとも、ネットワークを活用する若者は増えてきています。

逆に言えば、仮に東大生でも、ネットワーク社会についていけず、前述したように、下流化している若者も多数います。

新村社会では、偏差値の高低よりも、ネットワーク力の強弱のほうが、重要な要素になっているのです。

ここで、ある面白い事例を紹介しましょう。

今、大学生のなかで、大学の第二外国語として中国語を選ぶ人がもっとも多くなっています。日本と中国が経済的に密接な関係になっていることに影響を受けているのでしょう。

私なんて、大学時代に父親にすすめられてフランス語を選択しましたが、理解できずに単位を落とし、せっかく単位を取っても仕事で使う場面がないという状況ですが、それに比べると今の若者は、より実利主義になっていると言えるかもしれません。

一方、中国の若者にとっても、隣国・日本は重要な国になってきています。

厚生労働省がまとめた外国人雇用状況によると、２００８年6月末時点、外国人労働者の数は33万８８１３人で、２００６年調査時の約22万３０００人を大きく上回りました。出身地域別でみると、中国が14万９８７６人と全体の半数近い44％を占めました。

たしかにここ数年、街で中国人を目にすることが本当に多くなりました。東京のコンビニや居酒屋を見れば、日本人よりも中国人のほうが多くいるようにさえ感じます。

日本の若者が中国語を学び、中国の若者も日本にたくさん来るなんて、日中両国の交流が活発化して良いことだと感じる方もいるかもしれません。

しかし、中国語を第二外国語としている日本の大学生に実際に話を聞くと、「これからは中国が大切って言われているから」「みんなが中国語を選択しているから」「中国語を学ぶと就職に有利そうだから」「中国語は日本語に似ているし単位取得が楽だから」といった理由が多く挙がってきます。

かなり以前から、第二外国語なんて、学生にとってはこの程度の低い位置づけなのかもしれませんが、中国の若者の動機に比して、日本の若者の中国への関心は本心から高まっているわけではないのです。

ところが、こうした中国語を消極的に選択する大学生たちとは対照的に、私が取材したある中卒フリーターの男子は、学歴こそありませんが、大学生なんかよりもずっと中国通で、メンタル面でもグローバル化していました。

もう少し詳しくお話ししましょう。

彼は、なんとなく面倒臭いといった曖昧《あいまい》な理由で、高校を中退してしまいました。親に文句を言われながら、自室で巣ごもり生活を送り、お金がなくなると登録制の日雇いバイトをして過ごしていました。

バイトの内容は、全国から東京に運ばれてきた大量の肉を、積まれている棚からひたすら下ろしてベルトコンベアーに載せるという、単調で過酷な肉体労働でした。

彼がそのバイトを選んだ理由は、定期的に働くのが嫌だったので、前日に仕事に行くかどうか決められる点と、送迎バスが彼の自宅の最寄駅まで来て、作業場まで連れて行ってくれる点が大きかったようです。

月に1、2回程度しかバイトに行かなかった彼ですが、重量のある肉の積み下ろしをしていたある日、腰を痛めてしまいます。それで仕方なく、地元のコンビニで定期的にバイトを始めることにしました。

ここまでの彼は、自宅や地元にひきこもる、悪いパターンの新村社会の村人でした。ところが、彼に転機が訪れます。バイトをしているうちに、バイト仲間の中国人留学生と仲良くなったのです。

最初、彼はなんとなく中国に悪いイメージを持っていました。これはいろいろな若者の口からも聞かれますが、コンビニや居酒屋で一緒になる中国人の勤務態度が日本人には合わず、中国に悪いイメージを持つ若者が多いようです。だから彼もバイト仲間の中国人とはほとんど口をきかなかったようですが、ある日、SNS経由でその中国人から彼宛てにメールが送られてきました。

驚きと抵抗感を感じた彼でしたが、その中国人のページを見ると、彼がかなりのゲーム好きだということがわかりました。彼が入っているSNSのゲームのコミュニティにその中国人も入っていたのです。

必要以上の会話をしなかったふたりなので、お互いの趣味についても知らなかったわけですが、SNS上でのたまたまの再会によって、お互いが同じ趣味を持つ同志だということを発見したのです。そして、彼らは徐々に意気投合し、お互いの家で一緒にゲームをする仲にまでなっていきます。

そのうちに彼は、その中国人に友達の中国人留学生を何人も紹介されていきます。彼はもともと内気であまり社交的ではないので、一緒に行ったレストランで大声で騒ぐ中国人留学生たちに最初はお冠《かんむり》だったようですが、互いの国のことを教え合ったりしているうちに、ざっくばらんで明るい人たちだなあと思うようになっていきます。

SNS上でも交流し始め、日本語を教えてあげたり、逆に中国語を教えてもらったり、中国の最新事情を聞いたりするようになります。

彼は、生まれて初めて海外に興味を持ったのでした。

そして彼は、たまたまその中国人が旧正月に里帰りするのに便乗し、一緒に彼の故郷である中国の田舎まで行きます。飛行機に乗るのさえ初体験の彼でしたが、飛行機どころか寝台列車の安い車両に十何時間も乗ったそうです。

彼曰く、中国の田舎の人たちは優しいだけでなく、日本人と接するのが初めての人も多く、興味を持たれていろいろと質問されたのが嬉しく、また、本場の中華料理も彼の口には合ったようです。

単調な日常を過ごしていた彼の生活が、激変したのです。

以来彼は、バイト先で中国人留学生の友達をさらにつくります。お互いの家にも遊びに行き、羊の鍋を食べさせてもらったりするようになったそうです。

また、それまでの彼は、バイトの飲み会の誘いにも乗らなかったようですが、その旅以来自信をつけ、飲み会にも積極的に参加するようになり、結果、それまで多くなかった日本人の友人もできていったそうです。

その後も彼は、仲良くなった中国人留学生の里帰りについていくというかたちで、何度か中国に行き（ときには農村にまで！）、いつの間にか日常的な中国語もマスターしました。今では世界の若者に人気のSNS「facebook」によって、中国各地の若者とも連絡を取り合うようになったそうです。

今、彼の夢は、日中間の貿易に携《たずさ》わることだそうです。バイト先でのたまたまの出会いとSNSの存在が、彼が潜在的に持っていたネットワーク欲に火をつけたのです。

「賃金格差社会」から「ネットワーク格差社会」への変貌

もちろん、彼の夢には具体性が乏《とぼ》しいし、中卒の彼が、中国と貿易をしている商社に就職するのには困難もあるでしょう。

しかし、ただ漫然と大学に行き、大学のレポートもケータイ検索だけで済ませ、消極的に中国語を学んでいる一般的な大学生より、彼のほうがリアルな中国に精通しているし、メンタル面で見てもグローバル化していると私は思いました。

中国市場を本当に重視する企業であれば、中国語を学ぶフリをして過ごす大学生より、中国への強い動機を持つ彼を採用したほうが良いと思うのは私だけでしょうか。

また、仮に彼が望むところに就職できないとしても、今のＩＴインフラの状況を考えれば、オンラインショッピングを使い、ひとりで貿易を始めることだってできる時代になっています。

新村社会でつくり笑顔のリア充で過ごす多くの若者より、行動力とモチベーションを持ち始めた彼の未来のほうが明るいものになると私は信じています。

いずれにせよ、新村社会のネットワークを活用する若者が、偏差値の上下にかかわらず出現し始めているのは、明るい兆候だと言えます。

世の中で言われる「格差」とは、これまでは「賃金格差」だけを意味していましたが、新村社会とともに出現した「ネットワーク格差」によって、人生の勝ち負けが論じられる時代になっていくと私は思うのです。

熊本の女子大生にも超ネットワーカーが現れ始めている

ネットワーク力のある若者の話をすると、「どうせ東京の若者だけの話でしょ?」というツッコミを受けます。

もちろん、大都市部にこうした若者が多い傾向があるのはたしかです。しかし、いじめれっ子がどこへ行っても逃げ場がないほどネットワーク化された新村社会ですから、逆に言えば、どんな地方にいてもネットワークを活用することができるようになっています。

先日、編集者の柿内さんと一緒に熊本市に取材に行きました。熊本に住む私の友人に地方の若者の話を聞きたいと言ったところ、ある女子大生を紹介してもらったのです。

せっかく熊本に行くのに、たったひとりの大学生に会いに行くのではもったいないので、紹介してもらった大学生に、「我々の滞在は実質1日。この間でできるだけでいいから、いろいろなタイプの若者を紹介してね!」とオーダーを出しました。

とはいえ、熊本の一女子大生に集められる若者なんて、せいぜい2、3組の、彼女と似たタイプの若者だけだろうとたかを括っていました。

まったく精通していない土地なので、インタビューの足りないぶんは、自分たちでいつものように街で声かけ調査をやるしかないと私と柿内さんは腹を括り、柿内さんは、街頭で若者が引っかかる率を少しでも上げようと、彼の友人のナンパ師に声のかけ方のレクチャーを受けに行ってくれたほどでした。

ところがどっこい。私たちはたったの1件も声かけ調査をせずに東京に戻って来ました。なぜなら、その熊本の女子大生（見た目も性格も本当に普通の女の子）が、まるまる1日、たったの1分の途切れもなく、次から次へと若者を集めてくれたからです。

私たちは何時間もずっと同じスイスという喫茶店にいたのですが、次から次へと入れ替わり立ち替わりいろいろな若者がやって来ました。

キャバ嬢、ファッションオタク、普通の高校生・大学生、塾の先生と恋愛している女子高生、ダンスで世界を目指す女子高生、地元の先輩とだけつるむ大学生、富裕層女子高生……。ファッションもキャラもあまりに多様な若者がやって来ては去るので、きっとまわりのお客さんはいったい何の集まりか見当がつかなかったのではないでしょうか。

私たちはトイレのために席を立つ時間すらありませんでした。

インタビューが終わってその女子大生に車で熊本空港まで送ってもらった私たちは、彼女の優しさに感動するとともに、この本の意義を強く確信しました。上の世代にはいなかったすごいネットワーカーが、地方部においても出現するようになっているのです。

山口県の山奥に住むスーパーサラリーマン

もう一例、新村社会における地方の勝ち組の若者の例として、私が取材した山口県の下関の山奥に住む若者の話をしてみようと思います。

彼は、山口の高校を卒業後、18歳で上京。東京のアニメの専門学校に入学し、フォトショップ・マック等の扱い方を勉強しました。そして卒業後、就職に失敗し、趣味のゲーム制作をしながらぶらぶらとその日暮らしをしていました。

あるとき、自分の母親が癌《がん》であることを知り、彼は山口に戻り、母親の看病をして過ごします。

献身的に看病したものの、残念ながら彼の母は他界してしまいました。住人がいなくなり、生家がどんどんさびれていく姿を見るのがつらいと思った彼は、東京に戻らず実家に住みつづけることを決意します。

とはいえ、場所は山奥。職も見つかりづらいだろうし、どうやって食べていこうか途方に暮れました。ところが、いざ職探しを始めてみると、予想に反し、彼を採用したいという中小企業が山のように現れたのです。

なぜなら、彼のようにパソコンのスキルを持った人が、山奥にはいなかったためです。彼は、これからは健康がテーマになっていくだろうと思い、健康食品を売る会社に入社します。その会社も、彼に入社してもらうために、それまでなかったウェブ部門を立ち上げ、そこのリーダーにいきなり彼を抜擢《ばってき》しました（もちろん正社員）。給与面でも特別待遇を決定したそうです。

また、彼は入社する条件として、副業することを会社に認めさせ、就職活動で蹴った山奥の会社のウェブ制作も、個人の仕事として請け負い、副収入さえ稼ぐ立場を手に入れました。「正社員プラス副業」は、今のビジネスマンの多くが夢見る理想的な働き方です。彼はそれを山口の山奥で手に入れたわけです。

「東京だとパソコンができる人なんて腐るほどいますから、僕のレベルでは就職できませんでした。でも山奥だと、パソコンのスキルがちょっとあるだけで引く手数多《あまた》なんです。物価も東京と比べると格段に低いし、満足いく収入で好きな仕事ができています」と、彼は嬉しそうに話してくれました。

こんな驚くべき若者が、地方の山奥にさえ生まれているのです。

このエピソードのポイントは、彼は東京にいる間も、距離の離れた地元友達とのネットワークを大切にし、ＳＮＳを通して連絡を取りつづけていたので、地元に戻ったときにすぐにいろいろな地場の会社とネットワークが持てたことです。

そして、山奥にある企業のニーズをいち早く察知し、就職活動で売り手強者として交渉できたことです。

まさに偏差値の上下なんて糞《くそ》くらえ。

フリーターから勝ち組に転身した面白い事例だと言えるでしょう。

奥さんはチャットで月10万円の稼ぎ

驚くのはまだ早い。実は彼の奥さんも、ネットワークを活かした勝ち組なのです。

彼は山口に永住することを決めたときに、高校時代の初恋の相手だった今の奥さんにプロポーズし、結婚しました。しかし、彼の就職が予想以上にうまくいき、彼が忙しくなってしまったため、奥さんはひとり自宅で過ごす日々になってしまいました。

暇を持て余す奥さんを見かねた彼が彼女にすすめた仕事は「チャット・レディー」。

「チャット・レディー」とは、要は出会い系サイトのようなものです。客は現金でポイントを購入します。たとえば５０００円で50ポイント購入でき、50分間、気に入った女性とチャットができるのです。チャットレディーは、ウェブカメラで自分の姿を写しながら、客と話をするのが仕事です。

男性客からすると、キャバクラのように直接女性と会って話す緊張感もないし、ボッタクリもないし、自宅で居心地良い格好で女性と話すことができます。

「この仕事を始めるとき、かなり抵抗感がありました。でも、暇で寂しいだろうし、いい経験だと思ってやってみろ、って旦那に言われてやってみることにしました。山奥なんですることもないし、まあいいか、と。でも、やっているうちに面白くなってきて、徐々に稼げるようにもなっていきました」と奥さんは言います。

今ではたった1日に1、2時間、週2、3回、このチャットレディーをするだけで、毎月10万円以上稼げるようになったそうです。

彼女の成功のポイントも、山奥にいながら、東京時代に出会ったオタク友達と旦那がつながっていたために、チャット・レディーというシステムの情報を得て活用できたことだと思います。

変わった夫妻ですが、とても仲良しで、生活満足度は相当高いようです。

「こんなド田舎なのに、僕らは車を持っていないんですよ。でも、不便さを感じたことはありません。仕事が終わったあとは自宅で一緒にゲームばっかりやっていますから。最近は副業も増えてきましたし、今度、趣味でつくったゲームをコンテストに出すんですよ！」

こう活き活きと語るちょっと脂っこい髪質の彼の笑顔が、とてもたくましく見えました。

新村社会において、ネットワークを前向きに拡大・維持し、有効利用するネットワーク力のある若者は、もちろんまだ一部ではありますが、地域を問わず、山奥にさえ出現しているのです。

地元に依存し、半径5キロメートル生活を送る大都市部の若者には、ぜひとも参考にしてもらいたい事例だと言えるでしょう。

第7章

近頃の若者をなぜダメだと思ってしまうのか？

——世代論を超えて

新村社会の総括《そうかつ》

これまで、日本の若者の間に突如として復活した村社会についてお話ししてきました。

ここで簡単に「新村社会」の全体像について、振り返ってみたいと思います。

今の日本の20代後半以下の世代は、中高生あたりからケータイを持ち始めた日本で最初の世代です。

彼らは、自宅にあるパソコンよりも、肌身離さず持っているケータイへの依存を強めていて、パソコンのキーボードを叩くよりもケータイで文章を打つほうが楽だ、と言う人が多くいます。

なかには、ケータイの検索結果や口コミを世の中の情報のすべてだと思い込んでいたり、「起動するのが面倒臭い」「どんなときに使ったらいいのかわからない」など、パソコンの必要性をあまり感じていない人もいます。

もちろん、幼少期からパソコンをいじり、さまざまな情報源やスキルを持っているパソコン化された若者もいますが、若者全体で見れば、会社で必要に迫られてパソコンを使うようになるまで、人によっては就職したあとでさえ、ケータイだけに依存して過ごす人がたくさんいるのです。

日本の若者の特殊性は、まさにこのケータイ化という点にあります。

ケータイ所有率も他国の若者より高く、パソコンに依存する「デジタルネイティブ」が増えている世界の若者とは一線を画していると言えるでしょう。

ケータイ化された「ケータイネイティブ」が多いということは、日本の若者は情報収集というより、「人間関係の維持・拡大」を重視して生活しているということです。

昔であれば、同じクラスや同じ部活、同じ塾内の人間のあいだで閉じていた狭い若者の人間関係が、携帯メールやSNSやプロフを通じ、他のクラスや他の学年、他の学校、そしてときに文化祭や路上で出会った人間にまで広がりを見せるようになっているのです。

もちろん、なかには昔ながらの狭い人間関係にこもる若者もいますが、基本的には、学年や年齢が上がり、出会いが増えるにつれ、人間関係数をどんどん増やすようになっています。

拡大する彼らの人間関係の多くは、かつての「親友」のような深いものではなく、「友達の友達」や「友達の知り合い」など、〝知り合いネットワーク〟とでも言うべきもので、大人からしたら希薄なものに見えてしまいます。

ただし、彼らの人間関係には案外、継続性があることを忘れてはいけません。

巨大な知り合いネットワークの構成員全員と必ずしも頻繁に会うわけではないものの、彼らのSNSやメアドは、ケータイが壊れるなどの特殊状況や意図的な絶交でもない限り、永遠に保存されつづけるのです。

知り合いがSNS上で日記を更新すれば、会わなくてもその人の近況がわかります。知りたくない人の近況も入ってきてしまいます。嫌いな人が鬱日記を書けば、励ますコメントを書き込まないと、日記を見たのに無視したと思われてしまいます。

また、「即レス」がマナーになっているので、送られてきたメールにはすぐに返信しないといけませんし、即レスしなければ「感じの悪いやつ」と陰口を叩かれてしまいます。

彼らの間では噂話も多く、繁華街に遊びに行った翌日に学校で「昨日、渋谷で女の子と歩いていたでしょ?」と誰かに言われるなど、個人情報がすぐに知れ渡ってしまいます。

こうした環境下、若者は24時間いつでもどこでも井戸端会議をくり広げるようになりました。戦後、核家族化や都市圏への人口の流入、地域共同体の衰退、個人化・多様化が進行しましたが、ケータイが若者たちをつないだことで、こうした戦後の日本人の動きとはまったく逆行するように、噂話や陰口が多く、出る杭《くい》は打たれ、他人の顔色をうかがい、空気を読むことが掟とされる、かつて日本にあった村社会が若者の間で復活したのです。

ケータイというインフラが、今の若者たちの日本人としての個性を浮き彫りにした、とも言えるかもしれません。

ただし、この新しい村社会は、かつての村よりも構成人数が圧倒的に増えているので、空気を読めない村人は、かつて以上の村八分に遭ってしまいます。24時間常時接続なので、逃げ場もありません。

また、この新村社会は、「既視感（デジャブ）」という現象も生み出しました。

これは、体験したことがないことなのに、あたかも自分が体験したかのような気になってしまう現象のことです。多くの村人は、刺激や未知の世界を求めず、視野と行動範囲を狭め、最寄り駅にこもり、居心地の良い地元友達とべったり過ごすようになってしまっています。

しかし、この新村社会には肯定的な面もあります。

それは、意思と行動力さえ持ち合わせていれば、「地域」や「偏差値（所得レベル）」や「年代」を超えて、人々が有機的につながることができるようになった点です。

大規模イベントを開く大学生、社会人にＯＢ訪問する高校生、グローバル化する中卒フリーター、山奥に住むスーパーサラリーマンの例を本文で紹介しましたが、今後、彼らのような若者が読者の皆さんのまわりでも着実に増えていくはずです。

つまるところ、この新村社会は、複雑な人間関係のしがらみに息苦しさを感じ、既視感によって視野や行動範囲を狭めてちぢこまる村人と、地域や偏差値や年代を超えて活動の幅を広げる村人との「ネットワーク格差」を生み出したのです。

ネットワークに脅《おび》える若者と、ネットワークを駆使する若者の、「人間力」の格差とも言えるでしょう。

若い彼らが社会の主役になる近未来、地域や偏差値や所得に関係なく、ネットワーク力のある者が幸せを感じ、ない者がおちこぼれる社会が到来しているかもしれません。

これは、ゆとり教育を是正《ぜせい》して若者の学力を上げれば済む話でも、若者の雇用を守れば済む話でもありません。

しかし逆に考えれば、格差が固定され、階層ができつつあると言われるこの日本で、学歴や所得や階層を打ち破る可能性を、この新村社会が内包しているとも言えるのです。

「若者のことを知りたい」という純粋な好奇心はどこへ行ったのか?

私たちはこれまで、この新村社会の存在に気づいていたでしょうか? どれだけ実態を把握していたでしょうか?

こうしたなか、ここ数年、若者に対する社会的関心が急激に高まっています。

ニート、フリーター、派遣社員、日雇い労働、ワーキングプア、ネットカフェ難民、就職氷河期、ロストジェネレーション、金融危機による内定取り消し、派遣切り、派遣村、下流社会、パラサイトシングル、少子化、非婚、晩婚化・晩産化、婚活、草食男子、弁当男子、オトメン（乙男）、肉食女子、ひきこもり、リストカット、若年性鬱病の増加、ゆとり教育の弊害、学力低下、地域学力格差、大学全入時代、お受験や中学受験人気、就学援助児童が多い足立区問題、ネットいじめ、それによる若者の自殺、硫化水素自殺、学校裏サイト、出会い系サイト・カフェ、闇サイト犯罪、ケータイのフィルタリング、ケータイの学校持ち込み禁止、コンテンツ違法ダウンロード、ゲーム脳、消費しない若者、秋葉原事件、親父狩り、オタク狩り、大麻事件……。

ニュースをつければ、挙げればキリがないほど、若者をテーマにした社会問題や事件が湧いては消えています。

しかし私は、昨今のこういったある種の「若者ブーム」に強い警戒感を感じています。

多くの言論が「若者を批判する」か「大人や社会を批判する」か、どちらかの立場に立っているものばかりだからです。

「今の若者は下流だ！　彼らはダメになっている！」（若者批判）
「甘ったれた若者が多いから、ニートが増えている！」（若者批判）
「『自分らしさ』という大人がつくった嘘くさいキーワードに酔わされ、結果、過酷な労働を強いられる悲惨な若者が増えている！」（大人・社会批判）
「今の若者は、ネット上で社会の悪口ばかり言っている！」（若者批判）
「団塊世代を中心とした上の世代が保身のため、年功序列をなくさない。だから、若者はすぐに会社を辞めてしまう！」（大人・社会批判）
「結婚する若者が減ったのは、所得格差が生じたからだ！　正社員は結婚している！」（社会批判）
「おっさんが若者を語るな！」（大人批判）

読者の皆さんも、雑誌の特集記事などでこういった類のタイトルを目にしたことがあると思いますが、どれもが「反若者」か「反社会（反大人）」といった二項対立のどちらかに位置しています。

しかし私はこの本で、こうしたトレンドに反し、二項対立のどちらにも位置せず、あくまで若者の実像を描くことを心がけたつもりです。なぜなら、私がもっとも問題だと感じているのは、日本人の多くが知らないうちにこの二項対立構造に麻痺《まひ》してしまっていると思うからです。

もともとは「よくわからない今の若者のことをわかるようになりたい」とか、「若者の生態を知って、自分の仕事に役立てたい」など、若者に対する純粋で中立的な気持ちを持っていたはずなのに、いつの間にやら無意識下でこの二項対立のどちらかに立ってしまい、自分側の立場の言説と出合うとなんだかほっとし、逆の立場の言説を見るとなんだかガッカリしてしまう――こうした無意識下での自身の状況に気づかぬまま、若者への関心を高めている人が増えているように思えてならないのです。

テレビのコメンテーターの若者に対する発言を聞いていても、「今の若者はダメ。努力が足りないから派遣社員になるんです」などといった「反若者」論か、「不景気になって最初に首を切られるのは、罪のない日雇いや派遣の若者です」などの「反社会（反企業）」論のどちらかに陥っているものが多いように思います。

若者を批判しようが、大人や社会を批判しようが、実はまったく同じことです。上の世代が下の世代をこき下ろし、下の世代が同世代同士で「俺たちは不幸な世代だ」と傷を舐《な》め合い、上の世代や社会を冷めた目で見る。これは、単なるつまらない世代間闘争です。目的が、当初の「若者を知ること」から、「お互いの世代を批判する」「自分の世代を肯定する」といったものに、いつの間にかすり替わってしまっているのです。

これでは、若者問題の本質が見えなくなってしまうし、有効な解決策が生まれるはずもありません。

読者の皆さんには、「若者を知りたい」と思った原点に立ち戻り、これほどまでに社会から違和感を感じられてしまっている今の若者の姿を、客観的・中立的に把握していただきたいと思っています。

そして、ただ座《ざ》して若者を批判するのではなく、あるいは社会批判に陥るのでもなく、子供の教育、上司・部下への接し方、行政政策、マーケティング施策等々、読者の皆さんが日々直面されている若者に関する課題を、皆さん自身の手で実際に解決していただく一助に、この本を使ってもらいたいのです。

この本は世代論ではなく時代論

もうひとつ私が言いたいのは、この本は一見、「若者の人間関係」を描いている顔つきをしていますが、実は私は若者本を書こうと思ったわけではない、ということです。

そもそも、世の中にあふれている「世代論」や「年代論」には、科学的に証明できない思い込みが多すぎると思っています。

「世代論」を例に挙げると、たとえば同じ「団塊世代」でも、まるで島耕作のようにひょうひょうと仕事をこなし、女性にモテ、社長まで登りつめるスーパースターもいれば、社長になれないどころか課長止まりで、女性が苦手な人だっているはずです。

また、「団塊世代」と「終身雇用」はなぜかセットで批判されることが多いですが、「終身雇用」は一部の大企業でのみ成り立った制度で、中小企業に勤めた「団塊世代」のほとんどにとっては関係なかったはずです。

また、現在32歳の私は、歌手の安室奈美恵さんと同い歳で、当時彼女に憧れた女子高生が多かったことから、高校生のときには「子ギャル世代」や「ルーズソックス世代」と呼ばれましたが、高校時代の私は堅くて暗い男子校に通い、金縁メガネに激しい天然パーマを無理矢理に五分分け。辞書が３冊詰まったぶ厚い鞄（「原田の凶器」と呼ばれていました）で通学し、女子と話すことのない3年間を送ったので、この呼称に強く違和感を感じていました。

今では「就職氷河期世代」や「ロストジェネレーション」と呼ばれるようになりましたが、私は希望を強く持っているので、「氷河期」や「ロスト（失われた）」という表現は心外でなりません。

「年代論」だって、ある時期までは日本で有効だったかもしれません。たしかに、ひと昔前までは「女性はクリスマスケーキ。25歳を過ぎたら売れ残り」「社会人になったら結婚し、子供をふたりつくり、郊外でマイホームとマイカーを持つ」なんてことを、多くの人がなんの疑問もなく口にしていました（自己選択する必要のない平和な時代でした）。

でも、人々の価値観やライフスタイルが多様化した近年では、もはや年代論は成り立たなくなっています。

今では恋愛現役生のアラフォーなんていくらでもいますし、結婚自体が単なるひとつの選択肢になっていますし、子供の数よりペットの数のほうが多い国ですから、ひょっとすると子供をつくるべきかペットを飼うべきか悩んでいる夫婦もいるかもしれません。

社会人になったから車を買うという慣習も、大都市圏に住む若者の間では減りつつあります。

60歳で定年し、縁側でお茶をすする高齢者も今では絶滅種に近く、60歳を過ぎた現役営業マンもたくさんいますし、もっと言えば、60歳という年齢はもはや「高齢者」と呼べなくなってさえいます。

うちの父親はもうすぐ後期高齢者と呼ばれる年齢になりますが、私よりも消費意欲が旺盛で、飲兵衛《のんべえ》、大食漢です。楽器のホルンや高額なソファを衝動買いしたり、若い女性と合コンをして人生を楽しんでいます（独身の若者同士をくっつけるという名目があるようですが）。

このように、「〇〇世代は△△だ」という世代論、「××歳だから□□する」という年代論は、思い込みが多いうえに、時代を言い当てた感じも以前に比べると少なくなっているのです。

ですから、この本は表面上、若者本の姿を借りていますが、今の日本人全体を語ったつもりです。

つまり、「世代論」ではなく、「時代論」のつもりで書きました。今、若者の間で起こっている多くの現象は、私たち大人の間でも起こっているのです。

「今の高校生はケータイを使って援助交際をしている！」と大人が若者やケータイを批判したところで、その援助交際の相手は大人だったりします。「ケータイが若者を危険にさらしている！」と言ったところで、うちの親父だって先日、ケータイにかかってきた電話でねずみ講に引っかかっていました。

ケータイが若者に悪影響を与えているのだとすれば、中年にだって高齢者にだって悪影響を与えているはずで、こうした議論が出てこないのは、「若者批判」と「ケータイ悪玉論」を悪意を持って結びつけたがる大人が多いからなのではないでしょうか。

第2章で、今の10代・20代が、上の世代よりもケータイを使いこなしているというデータを紹介しましたが、SNSに所属する大人も増えていますし、同じ地域や同じ趣味のコミュニティに所属し、オフ会に行く大人だって増えています。

毎日ブログを更新するのが楽しみな大人もいるでしょうし、BBSやブログ上に、会社の同僚や部下の悪口を書いてストレス発散している大人だって結構いるでしょう。

私自身も、幼い頃に何度か転校したのに、社会人になってから昔の友達とSNS上で再会し、今では飲んだくれる仲にまでなっています。

つまり、大人の人間関係も、若者ほど急激でないにせよ、同じベクトルの方向へ拡大・複雑化・変化しているのです。

たいへん不幸なことに、配偶者と離別・死別し、将来不安や健康不安と戦いながら、孤独に苦しむ高齢者がこの国で増えています。しかし一方、ネットワークを活かし、いろいろな人や場とつながり、地域活動に熱を入れ、活き活きと過ごす高齢者だって同時に増えています。

私の妻の母は60歳を超えていますが、娘と絵文字の入ったメールを毎日送り合い、友達ともメールでつながり、一緒に旅行に行ったりしています。彼女が「ギャル文字」を使い始めるのも、時間の問題かもしれません。

若者の間に生じた「新村社会」とそこに生じたネットワーク格差は、私たち大人の間でも、後期高齢者の間でも、今、確実に起こりつつある変化なのです。

皆さんも、この本を読んで、「これ、俺にも当てはまるな」と思われた部分があったのではないでしょうか。

若者はその若さと純粋さゆえに、社会の変化を、それが良いものであれ悪いものであれ、いち早く、そして大きく受信します。しかし、彼らに表出した問題は、気づきづらいだけで、私たち大人にも確実に起こっている変化なのです。

新村社会の「それから」

若者研究をしてきた身として、若者を知る意義は、実は若者を知ることには留まらず、半歩先の自分や社会について考えることだと思っています。

つまらない世代論に踊らされ、若者を見下して気持ち良くなるのではなく、若者を知り、若者に感じる違和感に聞き耳を立て、時代の変化を感じるきっかけにすることが重要だと思うのです。

夏目漱石の小説『それから』には、主人公の長井が、現代は人間の展覧会、もしくは見本市みたいなもので、人間関係の構築が安易・軽率に行われ、皆が芸妓《げいぎ》のような人間関係を築き、まるで喜劇と悲劇の同時公演のようだと部屋にこもってなげくシーンが出てきます。

私たち大人が、この新村社会でできる唯一無二のことは、「近頃の若者はダメだ!」となげくことではなく、この巨大な見本市の悪口を言うことでもなく、私たち自身が有機的なネットワークを積極的に構築し、充実した交流や活動をくり広げ、それを多くの若者に示すことに尽きるのではないでしょうか。

「僕は『村』って言葉になんかいいイメージがあるんですよ。人と人が助け合うハートフルで絆あふれるイメージです」と、ある大学生が言っていました。

大人にとって「村」という言葉が持つ語感は、古臭くてしがらみが多いイメージですが、地域共同体が完全に崩壊し切ったあとに育った今の若者にとって、「村」という言葉は、「つながり」や「絆」が感じられる肯定的なイメージを持つようになっているらしいのです。

かつての日本の村社会は、ネガティブな日本文化の象徴として語られます。しかし新村社会は、ネガティブな面が浮き彫りになると同時に、ポジティブな萌芽《ほうが》も見せ始めています。

大学生の彼の言うように「村」という言葉を良いニュアンスにできるか、それとも悪いニュアンスのままにするか――新村社会の「それから」は、私たち大人が明るいネットワークをつくっていけるかどうかにかかっているのです。

謝辞

若者研究のきっかけをくださった博報堂生活総研顧問および東京経済大学の関沢英彦先生、『10代のぜんぶ』（ポプラ社）を書く機会をくださった野村浩介様に感謝の意を述べたいと思います。

早稲田大学の杉田卓君には、多くの若者を紹介してもらい、分析を手伝ってもらいました。取材にご協力いただいた熊本の合志良子様、松本汐様、群馬の鈴木憲貴様、加古川商工会議所の皆様、そして、取材に応じてくれた47都道府県１０００人以上の若者の皆様にもお礼を言わせてください。なお、この本で使用している若者の写真は、すべて取材した若者自身が撮影してくれたものです。

若者のケータイ使用実態に関するデータを掲載させていただいたＮＴＴドコモの野網順子様とモバイル社会研究所様、いろいろとアドバイスをいただいた中央公論新社の井之上達矢様と潮出版社の幅武志様、そして、先輩である坂本哲学様にもお礼を申し上げます。

妻の両親、田中直治さん、秀子さん。体調が悪いにもかかわらず、私の文章のファンでいてくれる母・渥子、父・徹にも感謝の意を。

そして、執筆から逃げ癖のついた私のお尻をめげずに叩いてくれた妻の麻由美にひと言。貴方がいなければ、この初の単著は実現しませんでした。


最後に。この本を最後まで読んでくださった読者の皆様に、最大級の感謝を申し上げたいと思います。

日本が今後、躍動感を持って発展していくためには、国を挙げて若者について考えていかねばなりません。世界中どの国も例外なく、未来の主役は若者です。日本の若者の人口ボリュームが少なくなっているぶん、逆にひとり二役・三役をこなす、クリエイティブな若者を育てていく責任を、私たち大人は負っています。

若輩者ではありますが、皆様のなかで志を同じくする方と協働し、明るい未来をつくるのに尽力していきたいと思っています。

原田曜平

気をつけるってどうゆう意味だよ!!!!!!
おまえは相変わらずうざいな (´・ω・`)

To 大坪 20:23

なんかサンダル無理で結局アトムには入んなかった笑　いや、そうゆう意味だよ💡💔　うるせー笑　つか、最近もと中のやつらと連絡とってる？

From 大坪 20:26

サンダルでくんなよ Σ((ﾟ Дﾟ ;))笑笑　おまえまじ死ね
倉とかシンジとかよく遊んでるよ✋💔

To 大坪 20:31

いや、ミスった笑　まじか💡　倉田とか懐かしいな (´・ω・`)　つか、この前一緒にいたコたちは誰なん？

From 大坪 20:36

サンダル無理なの常識だろ (´・ω・`)　あーあれ学校のコ💡✧
みんなめちゃ可愛かっただろ💔💔💔

To 大坪 20:39

いや、最初行く気なかったから。　専門の友達？　…紹介しろよ💔笑
つか、バイト続いてんの？

From 大坪 20:43

ソチンにはゼッタイ紹介しないから安心しろ💔笑
あーあれ潰れた💔　どんだけ前の話だよ

To 大坪 20:45

言うねー笑　まじか！スーパー潰れたの？苦笑
つか、クラブ行く金あんの？

From 大坪 20:46

いや、まじ金欠

さちこさん♀：高校時代の他校の女友達（先輩）
大坪♀：中学のクラスメートで元ヤンキー

・１週間の総メール数：301通
（送信135通、受信166通）
・１週間でやり取りした友達、
知り合いの数：35人

From たくや 10:33
まじか　…そーだね。ちょっと色々探してみよう！
To たくや 10:36
だねー。とりあえず、ビアガーデンならいくつかあるけどどこも高い。。
From たくや 10:37
了解ー
To 彼女 10:38
おはよー♪
From 彼女 10:39
今日なにあるのー？　あそぼー
From さちこさん 15:58
たけし‼‼　さちこだけど、ゆうきのアドレス教えて‼‼
To さちこさん 16:09
お久しぶりです！笑　ゆうきは [illegible]@ezweb.ne.jp です！
でも、携帯なくしたときに変えてたかも
そしたら登録しなおしてないので違うかもしれません！
From さちこさん 16:14
あ、大丈夫送れたっ　ありがと　たけし元気？
To さちこさん 16:20
よかった♪　元気ですよー
相変わらずのくだらない毎日をそれなりに楽しんでおります(●´ω`●)ﾉ笑
さちこさんも元気してましたかぁ⁉
なんかすごい懐かしいですね (・∀・)
From さちこさん 16:25
ね！懐かしいね
うん、私もまぁ相変わらず毎日を忙しくすごさせてもらってるよ
久しぶりに会いたいね
From 大坪 19:21
たけしー笑　久しぶりぃ　最近どうよ？　つか、この前なんでアトムいたの⁉⁉笑
To 大坪 20:08
久しぶりー‼　最近はまーぼちぼち元気よ！どうよ？　あー、なんか友達の知り合いがあの日でてたんだよ　大坪こそなんでいたの⁉
ふつーにビクッたわ笑　アトムよくいってんのー？
From 大坪 20:15
おー、うちも元気だよ　まじで‼誰？
いや、うちはふつーによくいってるから
To 大坪 20:17
本当相変わらず元気そうだな (・∀・) 笑　いや、知らん笑　友達の知り合いだし覚えてないわ (ﾟ∀｡)　よくいんの？笑　そりゃ、気をつけるわ
From 大坪 20:21
覚えてねーのかよ笑　は？笑

やほ！　まだ空いてるかわかんないけど、了解！　何人で予約する？

From たくや 20:21

確定しないとダメな感じ⁉

To たくや 20:22

だいたいでオケー♥

From たくや 20:24

じゃあ、１０人とかでいいよね？

To たくや 20:26

ラジャーだよ！　ちなみに日が近いしもし空いてなかったらどーします？

From たくや 20:27

とりあえず聞いてみて！　それから考えよ！

To たくや 20:27

了解！

To たくや 20:42

つか、時間外だ！！笑　明日の朝予約するわ

From たくや 20:44

了解！　また連絡ちょーだい

From 彼女 22:13

バイト遅刻さんｺﾞﾒﾝﾈ˘ỏ˘˘ỏ˘　はやく声聞きたいよ♡♡♥

りょうた♂：中学の部活の友達

7日目／8月5日水曜日

To トータス・メーリングリスト 00:36

渉外用のサンプル各々のメールに送っといたよ！　よろしくねーん

From 原田曜平さん 02:16

ロイヤルズって学生団体に入ってる女子と知り合ったよ
この団体知ってる？

To 原田曜平さん 02:23

一年のとき入ってました😅　すぐやめましたが (´・ω・`)笑
何度かお話したことありませんでしたでしょうか？
ちょー巨大なイベントサークルです！　計４００人(？)とかで、いろんな企業と関わりのあるサークルです。来年東京ドームでイベントやるとこです！　とにかく代表がすごいですね。高校のときにイベントを活発にやってたときに代表兼学生起業家の新堂さんという方に面倒みていただいていて交遊があった関係で入ったんですが、巨大すぎてやめました。

To たくや 10:15

ＢＢＱいっぱいだったーーー (´・ω・`)汗　どーしよか？
ビアガーデンとか探す？

From 彼女 10:19

おはゆ♥

6日目／8月4日火曜日

To つばさ 00:18

マジよろしく‼✧

オレちんかすだからまだ免許取ってないんだよね(･∀･)笑　どーしてもみんなの話聞いてると教習だるくて💧　たぶん就活終わったらのんびりとるかな♪　だよね笑　実際、地元の近場で居酒屋とかカフェで適当に暇そうなとこ探したら⁉　なんだかんだ可愛いコと出会えたり、同僚と仲良くなりやすかったりいいでしょ❤　つか、最近八木一派とかってどーなってんのかな。笑

From つばさ 00:26

佐藤ちんかすなの？笑　ちんかすはやっぱり車に乗せらんねーな(･∀･)笑

確かに！そうするわ✋　あーあいつらはわかんね💢！！　つか、どーでもいいわ😁✧笑

To つばさ 00:36

うん、まーちんかすだよ(･∀･)笑　いやいや、ちんかすでも清潔なやつはいるよ😁✋笑　まじか！笑　今日地元で神平見かけて相変わらずつばさが絡まれてないか心配になったんだよね(●´ω`●)　確かにどうでもいい笑

あいつらはチンカス以下だからな。笑

From つばさ 00:39

じゃー今度まじでどっかいくか😁✧　確かにそれオレも心配。。笑

まーとりあえず呑もう！　連絡まってるわ♪

From 彼女 13:14

今日どーする？　ウィルコムでて〜

From りょうた 15:44

遅れた！ごめそ！！　オレ最近ちょっと忙しいかもー😁汗　田舎帰るし。

いつくらい？

To りょうた 16:02

おせーぞちんこ！　まじか💧💧　うーん、たぶんお盆か明けくらいかな？

つか、リア充ぶるな！　ふつーにどーにか空けろ！笑

From りょうた 16:08

ごーめーんーね♪笑　まじか！　うるせーよ笑

とりあえずまた連絡するわ！

To りょうた 16:10

ういー

From 彼女（写メール） 19:39

わんわん❤　ぎゃんぎゃん‼（柴犬の画像）

From たくや（To 自分、まみ） 20:11

のぞみが２１日来れないし、１２日も来れないから１８だわ！　よろしく♪

From たくや 20:19

お疲れ！　１８日潮風公園のＢＢＱもうしこんでくんない⁉

To たくや 20:19

まじか！　天才💓💓　今行くねー！
To 彼女 21:04
終わったよ〜💡　今から渋谷いく！
From 彼女 21:06
うちらもいまいくね〜💓
To 彼女 21:09
つか、新宿くる？　そしたらたくやも飲むって！
かほと三宅は疲れたから今日は帰るって！
From 彼女 21:10
行くー💓
To 彼女 21:12
東口の交番前で待ってるわ！
To 彼女 23:12
やっぱアルタ前の喫煙所いる
From 彼女 23:43
お疲れさまー💓　てゆか、たけし疲れちゃってた (/_・、)ｺﾞﾒﾝﾈ!!!
でも、ゆみめちゃ笑ってくれてた！
To 彼女 23:47
今日はわざわざありがとね♪
ゆみりんとまた話せたし楽しかったよ (●´ω`●)💕　つか、やっぱりゆみりんは可愛いしめちゃいいこやね😊♪　よろしく言っといてね💓
うん。ちょっと疲れちゃってたみたい。ごめんね (´・ω・`)
From 彼女 23:51
会議がんばったね (*´v`*)💓💓　えらいゅー💕いーこね　また三人渋谷焼き肉するの💞　今からチャングムみるよ✋　ゆみお風呂なの💓
たけし大丈夫💓　たけし大好きだよ💘💘　…たけしはゆうこが嫌いなの？
To 彼女 23:53
うん😊　明日会う⁉　そしたら夜勤だけど、それまで一緒いよよ♪
なんで (´・ω・`)？好きだよ💓
From 彼女 23:55
明日はたけしと一緒いたいよ💕　大好きだよ💓💓💓
To 彼女 23:59
ありがとう✨　なんか本当すごい疲れた💦　どーしたの (´・ω・`)？
裕子なんも悪くないよ😊✋　…なんかごめんね😢💔　ちょっと色々考えてたら疲れちゃっただけだよ‼　今日はもう寝るね　おやすみ✨
From 彼女 24:00
…(/_・、)ｺﾞﾒﾝﾈ　今日はおやすみなさいする⁉　おやすみなさい💓💓

高木さん♀：高校時代の他校の女友達

ごめん！遅れたー　まじか！笑　つばさ若いな！！
セックスばっかしてんなよ❤笑　バイトかぁ。。。　…地元らへんだとわかんないわｗ　でも、テレアポの夜勤とかめちゃ割イイみたいよ？
つか、ドライブまじでつれてって！

To 彼女 12:58
まじか！　つか、結局８日くるー？

From 高木さん 13:11
８日の学園飲みの詳細教えてもらえませんか!?
間違えて消しちゃって。。　佐藤さんは今回来ますか!?

To 高木さん 13:15
やほー♪　８日は２５００円で八時にコマ劇前だよ！
で八時半から二時間です❤　もちろんいきますよ！

From 高木さん 13:17
ありがとうございます❤　久しぶりに一緒に飲めるの楽しみにしてます❤

From つばさ 13:20
いいよ　つか、まだ免許ないの!?　…テレアポはいいや❤笑

From 彼女 13:21
いくよー♪　てゆか、９日どする❤!?

To 彼女 13:26
了解　そしたらちばとくるの？
二次会場面で別にないみたいだし、八日の夜から泊まる!?

From 彼女 14:00
うん！　でも、ちばはるから連絡ない。。
本当に(･∀･)❤　二次会ないんだ　泊まる❤❤❤　てゆか、今日ゆみとご飯食べよーよ(^o^)❤

To 彼女 14:16
いや、あるけど場面だって　まーたまには行かなくていいっしょ(●´ω`●)　とりあえず、女の子誘えるコ坂本にメールしなきゃだからちばとくるならくるで約束しちゃってよ♪　まじで！いーねー
でも、今日１０時くらいまで会議だぁー

From 彼女 14:23
うん♪　じゃあ、会議終わったら連絡してー❤❤　にゃ(･∀･)　プリでもとって待ってるよ(^o^)❤❤❤

To 彼女 14:24
了解　また連絡するね！！

From かほ 17:25
いまどこー？

To かほ 17:28
かほもう着いたー？　うちらも今着いたよ♪

From かほ 17:32
先に手続き終えてお金払っておいたよ！　広場あがって上にいまする♪

To かほ 17:35

茶です。ってふつーにショック(´・ω・`)　腹黒くねーし！笑　むしろおまえだろアホ笑

From 彼女 23:50

たけしうんちだね　にゃにゃ♥　おやすみうんち♥♥♥
大好きだよ♥♥♥

To 彼女 23:58

やっぱりそのイメージだよね(´・ω・`)？　…て、おーい✋笑
おやすみうんち、大好きだよ♥じゃねーだろ💢笑　どんな下ネタだよ。
…うんちもうマジでバイト戻る(●´ω`●)笑

つばさ♂：同じ中学校で、地元の大学に通う友達
増山♂：同じ中学校で、他大に通う友達
ななさん♀：昔入っていた大学サークルの先輩
まみ♀：大学サークル(トータス)の友達（他大学）
丹波♂：同じ中学校で、他大に通う友達

5日目／8月3日月曜日

To トータス・メーリングリスト 11:15

今日は３時半に高田馬場でお願いします！　で、１時間半くらい色々話して５時になったら公民館向かいます！　手続き等済ませて６時〜９時くらいで会議しましょ！　ということで、よろしく！

To トータス・メーリングリスト 11:23

やっぱり５時に原宿の表参道口で！　で、みんなで公民館まで歩こう(●´ω`●)笑　よろしく！　ちなみに神谷何時までいれそ？
連絡くださーい！

From 神谷 11:50

おはよー♪　今日７時から飲みだから公民館いけないかも。。
でも、ちょっとはなそ！

To 神谷 12:01

了解！　つか、三宅たちはもう馬場にいるらしいからできたら合流して話といてくだあさい♪

From 神谷 12:03

了解♪　また電話ではなそ！

From 彼女（写メール） 12:38

ゆみと作った！（パンケーキの写真）

To 彼女 12:42

やほー♥　岩盤浴行かなかったの？笑

From 彼女 12:43

うん。寝ちゃった笑

To つばさ 12:57

From 彼女 22:43
ゆみはあたってるっていってた (･∀･)
To 彼女 22:47
うん、当たってる‼笑　これ2、3回読み直しなよー♥
特に短所のとこ♥笑　で、肝に命じて♥笑
From 彼女 22:50
たけしはなになに　やれし(ﾟДﾟ)　おしえろし♥♥♥ｺﾗｧｺﾗｧ
To 彼女 22:52
バイト終わったらね♥
From 彼女 22:53
(ﾟДﾟ)💔⁉⁉　やだやだやあだやだやだ
To 彼女 22:56
いや、むりよ😁　バイト中だってば (●´ω`●)笑
読むので限界さ (´・ω・`)
To 彼女 23:04
(占い結果)
From 彼女 23:09
たけし♥♥♥♥　すきだよー♥♥　ゆみたん寝てしまた (･∀･)笑
From 彼女 23:12
うーﾆ3(●´ω`●)　明日疲れちゃう⁉　あいたい💔💔　あえない💔💦⁉
To 彼女 23:16
会えるよ！　明日会議だから夜とかになるけど♪　一緒に御飯たべない？
つか、明日なんか予定あるの？
From 彼女 23:20
会う♥　明日１２時から三時間パックで岩盤浴いってきやすにゅ😁♥
らぶ♥　運命なのだ😁♥
To 彼女 23:24
岩盤浴はまったねー😁　いってらっしゃい♥　本当に相性、運命の人になってたの？笑
From 彼女 23:28
うん！たけしは占いあたってた😁⁉💕
浮気はしちゃやだよぅ　まぁあれ寝てるだけだしねん♥
To 彼女 23:40
うーん、、どうだろ (●´ω`●)笑　当たってた気もしたけど💡 実際、生まれた日とあんな雑な質問であそこまでガツガツ言われてイラついたわ (´・ω・`)笑　しかも、パターン少ないくせに茶のオーラとかもうちょっとましな色で分類しろよ(ﾟ∀｡)笑　占いって面白いけど、あーゆうやりきれてない半端な占いは嫌い (´・ω・`)
From 彼女 23:42
ちなみにゆみも茶色だったよ😁笑　…たけし腹黒いんだね笑
To 彼女 23:48
まじか！笑　…つか、やっぱり茶はなくない？笑　あなたのオーラの色は

(｡･v･｡)　でも学園飲みとかぶってない？

To ゆか 17:31

返信ありがとう (｡・ω・｡)ﾉ　…そぉだ、８日といったらかぶってる (・∀・)苦笑　すっかり忘れてたさすがに学園飲みいかなきゃだ

ゆかと久々に会えると思ってたのに (´・ω・`)

From 彼女（写メール）18:09

（たこやきを作っている写真）

To 彼女 18:16

(・∀・)　たこやき食べたいなぁ (●´ω`●)　楽しんでるかい!?

From 彼女 18:18

ふたりだけだけどたのしいよ (^o^)　こんどやろー

From ゆか 18:21

だよねー (´･ω･`)　まぁまた今度飲も

To ゆか 18:23

うん♪　また誘うね (・∀・)　ではでは、お勉強頑張ってね！

From ななさん 18:41

わーい♪　美味しいもの食べに行こう　体を壊さないようにね

バイト頑張れー

From 彼女 18:49

ゆみがあとで電話しよーて (･∀･)

To 彼女 18:53

いいよ

てるたちのライブ誰もいないや (・∀・)笑　寂しいよ (・∀・)

From 彼女 18:58

(ﾟДﾟ)あわあわあ

でも９時にはライブぬけるんだよね　応援がんがれ

To 彼女 21:06

ギリギリまでいたから今電車乗ってこれからバイトなの(●´ω`●)

つか、タイムテーブル遅れてて白田たちの聴けなかった (´・ω・`)苦笑

でも、誠二にちょっとだけ会えた　なんも変わってなかった

でも、やっぱりパイロットになるの大変みたい (´・ω・`)

From 丹波 21:13

よ！オレ１２〜１５じゃなきゃオケー

To 丹波 21:14

ラジャッた！　つか、また野球しよ！

From 丹波 21:16

おう！　暇なときTELする！　んじゃまた連絡くれい

From 彼女 21:19

ゆみがおしえてくれた占い(･∀･)

http://www.h[illegible]jp/[illegible]152.html

To 彼女 22:40

なんかすごい結果だね (´・ω・`)笑　当たってると思う？

To まみ、たくや 15:10
まみー　昨日は会えて嬉しかったよ　わざわざあんがとね　２１日集まろーよ(●´ω`●)ノ
From つばさ 15:14
まぁ、だるかったよね　あの時間までは遊んでた　てか良いバイト知らない？
From まみ（To 自分、たくや） 15:15
りょーかーい　んじゃちっぴに伝えとくね!! !!
みんなにはどう伝える!?!?
From ななさん 15:15
まじか　あたしも金曜でマス研の納会が終わったから、今は暇なんだ
いつ空いてます？？　飲みに行こう!
From たくや（To 自分、まみ） 15:21
１８じゃダメかな？？　俺２１行けても２１時半くらいからだわ　てかみんなに１８と２１の予定聞いていい方にしよう　どこらへん誘う!?
To まみ、たくや 15:25
えー１８じゃ１２と間隔狭すぎじゃねん (´・ω・`)？笑
ま、しゃあねーか　じゃあ、たくやさんみんなに聞いてあげて 笑
To ななさん 15:36
納会終わったんですね　お疲れ様です　まじすか　バイトの夜勤が今日からちょっと続いたり来週は立て込んでるんですが、５日の夜なら空いてます(・∀・)　あとは、１１、１３日なら大丈夫です
From たくや（To 自分、まみ）15:42
あっありさ呼ぼうよ!!　まみさん聞いてみてください 笑　とりあえずみんなに連絡してみるわー
To まみ、たくや 15:44
ありさー(・∀・)　ういす！　たくやさん、よろしくです
From 彼女 16:02
今日ぼくの夏休みやることになたよ
To 彼女 16:06
つまり来ないのね (´・ω・`)笑　了解　楽しんでね
From ななさん 16:07
じゃあ13日がいいな　夜勤続くのか　大変だね
To ななさん 16:12
じゃあ、１３日ぜひお会いしましょー (・∀・＊)
めちゃ楽しみにしときます (●´ω`●)
そーなんですよ　頑張ってまいります (´・ω・`)ノ
From まみ（To 自分、たくや）16:13
らじゃー　りょーかーい　たっちゃんよろぴく
From ゆか 17:24
おはよー　８日だよー　各代１０人くらいずつって言われたから人数にあきがあれば平気だと思うからみつこちゃんに聞いてみたら？

デッキブラシのほーが似合うよ❤笑　一人で見てるんだ💡　今どのシーン？

From 彼女 14:26

ままとおねえちゃんとみてるよ (･∀･)　今ききがお店番してるよ (･∀･)

To 彼女 14:28

そか (・∀・)　…キキ結構店番してるよ？笑　スランプになって休業中？

From 彼女 14:29

なんで魔女ってほうきなんだろ？

To 彼女 14:33

なんでだろね (´・ω・`) 身近なもので一番乗りやすそーだからじゃない？笑　ブラシでも飛べるし、実際またがれればなんでもいけそーだよね (・∀・)　魔女は血で飛ぶからね✋　つか、またがってんの地味に難しそーだしつらそーだね (´・ω・`)

From 彼女 14:36

今パイ届けるの (･∀･)　かまどやきうまそう!!

To 彼女 14:39

にしんのパイ食べてー (´・ω・`) 笑　ちなみに召し使いのおばあちゃんのわんぱくさ半端じゃないよね

Form 増山 14:40

久しぶりー✋

明日から合宿なのでそれが終わったらヒマなときがあるかも

To 増山 14:42

やほー！　インポ治ったぁ？笑笑　了解♪　合宿終わったらまた連絡ちょーだい！

From 増山 14:43

インポじゃないから✋笑　了解！

From 彼女 14:44

わたしもみながらこのおばあちゃんいいよねっていってたの❤

…かぼちゃのパイ食べてー (´・ω・`)笑　ゆみついたって (^o^)

To 彼女 14:51

あのおばあちゃんのやじ馬根性パないからね✋笑　ちなみに無類のにしんパイ好きであるおばあちゃんの格言は　これをキキという人に届けてほしいの。だよ❤　まじか！　とりあえずゆみりんとライブきなよ！

From ななさん 14:53

最近何してるのー？　夏休み遊ぼうよ❤

To ななさん 15:01

ななさーん (・∀・)❤　お久しぶりです (｡・ω・｡)ﾉ　最近はもっぱらグータラしてます (●´ω`●)笑　こちらこそ遊んでくださいよー　また飲み語りしましょう⤴

From まみ（To 自分、たくや）15:03

昨日はありがと❤❤❤

ちっぴが１８・２１だったら大丈夫だってぇー　あつまろぉーう❤

中山中湖ドライブは確かに危ないよね（´・ω・`） つか、あきちゃんとももこちゃんは泊まらないの!?

To つばさ 09:36

おはよー つばさどんだけ早起き!?笑 うぃーす♪

From 彼女 10:23

アキママとクミママが激怒してなぜか無責任てゆわれてお泊まり無理になったらしぃゆ（゜Д゜） 桃子は連絡とれない

To 彼女 10:29

まじか（´・ω・`） つか、無責任ってなに!?笑 夏休みのイベントなのに残念すぎるね …なんでお泊りまでダメなんだろ？ 相変わらず強めなお母さんたちだね（●´ω`●)笑 ももこ氏はなぞやね

From 彼女 10:35

なんかにゃ うー ヨーロッパこのメンバー大丈夫なのか心配 なんかあったらうちのせいにされそー うちのママさんとあたしアキママとクミママに何故か嫌われてるから …レンタカーキャンセル代払うらしい

To 彼女 10:41

まじか 女子大のお母さんたちは本当色々大変そーだね（´・ω・`)苦笑 つか、みんなちょっとズレてるね(●´ω`●) …裕子はそーゆうおばちゃんになっちゃだめよ（´・ω・`）笑 キャンセル料だるいね みんなで割るの？ つか、今日昼間は遊ばないの？

From 彼女 10:46

借りるの２１００かかってるのに 無駄金 てかアキ山中湖本当にいくのかしらなかったんだって レンタカーおかねだしたのにぃ

From 彼女 10:55

無責任ぢゃないもん ２時にゆみくるって さきはやる気なくしててこれたらくるって てかゆみがよかったら三人で一緒ライブいけるかもよ

From つばさ 12:26

あー湘南で絡まれてた わら

To つばさ 12:30

まじか(・∀・） あの時間までとかだるいな笑 お疲れ様(●´ω`●)ﾉ

From 彼女 14:14

今魔女宅みてるのだ たのしぃ キキ

To 彼女 14:19

来れたらって、、絶対来ないやん（´・ω・`）笑 ゆみりんもう来たの!? いやー、魔女の宅急便は本当によくできてるよね（●´ω`●） キキが魔法使えなくなる理由よくみてみてね つか、あの街ってイタリアとかなのかな？ あーゆー石造りの街に行ってみたいなー（´・ω・`）

From 彼女 14:21

一緒すむもんねー ほうきのりたい ゆみまだこない（･∀･）

To 彼女 14:23

じゃあ、語学ちゃんとやんなきゃね（●´ω`●） まじか 裕子はきっと

大丈夫 (´・ω・`)？　今たくやたちと飲んでる (●´ω`●)
From 彼女 19:23
猿島って無人島に日帰りで海水浴バーベキューとかいーらしい (=゜ω゜)ノ
From 彼女 19:46
８時にでるよ (=゜ω゜)ノ　あっちゃう😆💔⁉
To 地元の友人たち 19:56
久しぶりー😆✨　突然だけど、久々にみんなで飯でも食べませんか (●´ω`●)？　つか、呑もうよ！　ということで、みんな近々時間ある日あるー？　自由が丘今日お祭りらしいよ！！
To 彼女 20:03
終わったの？　渋谷きなよ！笑
From 萱内くん 20:09
度重なる迷惑メールにより、精神崩壊しそうになったので、メアド変更させていただきます。お手数ですが、再度登録お願いします。またＭＬのオーナーの方は、こちらも再度招待お願いします。
From 彼女 20:10
ニコニコニコニコ (･∀･)　すきだよ💔💔
From 三宅 20:11
いいよ！　ライブはやっぱりいかない😔
To 彼女 23:32
今日会えてよかったね (●´ω`●)　明日から会えなくなっちゃうけど、山中湖楽しんできてね😆✨
From 彼女 23:39
明日ゆみとさきがうち泊まり来るよ (･∀･)　山中湖なくなったよ (笑)
アキのママが心配で激怒した (笑)
To ゆか 23:40
やほー (｡･ω･｡)ノ✨　ゆか元気してますかー (●´ω`●)？　てゆか、オレ緑園祭の同窓会行くって返信しわすれたんだけど、今から間に合うかな (´・ω・`)？💦苦笑　８日だよね⁉
From かほ 23:52
三日呑もぉーねっ💔💔　おやすみー😺♪

小松♂：高校のクラスメート（Ｂ組）
蟹江さん♀：他大の女友達
米山さん♂：バイト先（居酒屋）の先輩
萱内くん♂：高校の後輩

4日目／8月2日日曜日

From つばさ 05:49
いいね^^　適当に決めちゃって大丈夫よ✋
To 彼女 09:32
おはよー (｡・ω・｡)ノ💔 まじか Σ((ﾟДﾟ;)) まー女の子だけで悪天候の

To かほ 14:52
まじおめでとう♥♥♥
To たくや 14:55
おーい笑　それはなくない？　たくやさん今どこ？　先に回っちゃわない？
From たくや 14:57
今地元！　確かに。じゃあ、４時に原宿で三宅はあとでいいか。
From 三宅 16:51
５時２０分に着きます。笑
From 彼女 16:52
岩盤浴おわってご飯食べ行くさぁ♡　いまなにしてんの⁉♥
はなびいくの？　帰り一緒かえるの？
To 彼女 16:59
いや、今日は渋谷でブラブラして適当に呑みながら語るだけだと思う💡
男で花火行ってもね (´･ω･`)　神奈川新聞花火好きだから行きたかったけど💦　つか、二子玉花火と麻布十番祭いこー！
花火楽しんできてね (●´ω`●)ﾉ
To 三宅 17:04
着いたら連絡ちょーだい
From 彼女 17:04
いく (=ﾟωﾟ)ﾉ♥　ぢゃ初浴衣は麻布十番だね
花火いけばいーやん (ﾟДﾟ) あいたい💔　花火込む前に帰るの
あとで電話ね♥
From 米山さん 17:07
今日の夜遊びこないの？笑
To 彼女 17:08
うん　つか、麻布十番祭いつなのか知ってるのー？　いや、男花火は虚しすぎ♥笑　ナンパし目当ての痛いやつみたいになっちゃうし (´･ω･`)
最後までみないのー⁉　もったいない (●´ω`●)
To 高校のクラスメート・メーリングリスト 17:17
お久しぶりでーす！　佐藤です！　ということで、年に一度のＢ組飲みのお知らせです！　少し先ですが､９月１日(火)の夜にやろうと思ってます！　また８月の半ば当たりに詳細と出欠確認送るので、ぜひ予定空けといてください！　ではでは♪
From 彼女 17:21
知らない　８月２１日から２３日　って今さきからきーたよ♥　したら二子玉が先か♥　てゆかんあいたいもん♥　はだツヤツヤツヤツヤツヤツヤツヤツヤツヤツヤツヤツヤツヤツヤ♡　はあはあ♥♥♥♥♥
From 彼女 17:25
今日水族館行けなかったから水族館いこ☆
From 彼女 19:15
足痛いーーー
To 彼女 19:18

まじで？笑　ドリンク込で４０００ってオチ？笑
From てる 23:13
ドリンク代込みで３０００円でいいよ 笑　まじたのむ
To てる 23:14
了解！！　ちょい待ち
From 坂本 23:25
１日なら今のところ OK です！　よろしく（･∀･）!
From 三宅 23:27
遅れたわ たくやにいまでんわして明日１５時に渋谷か原宿になったから！
To 三宅 23:41
了解！　つか、明後日てるのライブ行かない？
From 彼女 23:57
なんかマハナとかイメージアで失敗したこととか思い出しちゃった
うー

坂本♂：高校のクラスメート（B組）
谷口♂：高校時代の他校の友達で、同じ大学に通う
浜田♂：高校のクラスメート（B組）
りょうさん♂：昔入っていた大学サークルの先輩
たくや♂：高校時代の他クラスの友達。大学では同じサークル（トータス）
神谷♂：高校のクラスメート（B組）大学でも同じサークル（トータス）
けんすけ♂：中学のクラスメート。大学も一緒
三宅♂：同じ大学の友達。サークルも同じ（トータス）
てる♂：高校時代の他クラスの友達
桐島♂：高校のクラスメート（B組）
藤岡♂：高校のクラスメート（B組）

3日目／8月1日土曜日

From 小松 01:23
オッケーですよ！
From かほ 11:32
バイト受かったよー！（´;ω;｀）
To 彼女 11:36
おはよ　大丈夫だったー？
From 彼女 11:40
（´ー｀）クラシックいいのだぁ　朝はクラシックだね
From 蟹江さん 12:28
アド変えましたあ　登録よろしくお願いします♪
From たくや 14:50
やっぱ5時に渋谷で笑

ほ、他は？笑　…まぁ、なんだかんだみんな来るでしょ！

From 彼女 20:12

まだぁついてないょお　お迎え来なよ（笑）

To 彼女 20:14

まじか笑　つか、明日集合早いんでしょ？　もう今日は遅いし、また今度にする？

From てる 21:07

どうにか来させる！笑　んじゃ

To てる 21:08

ういす！

To 武田 21:32

やほー！　九月一日か３１日は都合つかない？

From 武田 21:36

あ、行けそう‼‼　明日もっかい確認してみる　１なら今のとこ確実

To 武田 21:42

なんか今電話して聞いてたら一日が一番いいかも！
とりあえず、開けといて♪

To 高校の同級生たち 22:13

一日か３１日がよさげなんだけど、どうかなぁ？
意義なかったら一日でＭＬ流すんでメールください♪

From 武田 22:14

おーありがとう

From 藤岡 22:14

だいたいおっけー

From 浜田 22:16

大丈夫だよ！！！

To 彼女 22:31

あとでウィルコムしよ（･∀･）

From 古川 22:33

いいよー

From 彼女 22:36

みゅ

From 桐島 22:40

了解！！

From てる 23:04

まじでチケットやすくします　笑

To てる 23:10

う〜ん、じゃあちょっと三宅誘ってみるよ！　たくやバイトらしいから。
ちなみに今回はおいくら？

From てる 23:11

二人で三千円　笑

To てる 23:12

わわーい (^o^)　にじかんでおわりゅのけ (=゜ ω゜)ﾉ?
From けんすけ 16:03
鬼門だね笑　留年決定だな笑　いつでも大丈夫。どっちでもよす
キモイな。笑
To けんすけ 16:19
お疲れ様　落としてたら面白いね！笑　いやー、なんとか四年で卒業するよ (●´ω`●) 苦笑　了解！　ふつーにキモかったよ 笑
To 彼女 16:34
五時半からカットだけだからたぶん７時には終わるかな？　つか、マークバイに大量生産されたふつーな財布があった。５０００円で (´・ω・`) 笑
しのぐためにとりあえず買っちゃおうかな (●´・３・●)
From けんすけ 16:34
がんば　おーわかった　…きもそう笑　じゃ色々決まったら連絡くれ!!
From 彼女 16:37
にゅ　お安い (=゜ ω゜)ﾉ　でももったいなくにゃいか⁉
From 藤岡 16:40
オッケ‼
To けんすけ 16:42
ういす！
つか、けんすけ明日の神奈川新聞花火誰かといったりしないの ？
From けんすけ 16:43
なんで〜？
To けんすけ 16:47
いや、相変わらずけんすけチャラオちゃんしてるのかなと (●´ω`●) 笑
ちなみにオレは彼女に別の予定入れられて断られたよ
From けんすけ 16:48
いかないよ！　…つか、彼女できた笑
To けんすけ 16:55
できたの⁉⁉⁉　おい、報告は？笑　つか、一ヶ月前に彼女いらない宣言してたのはいったい誰 (´・ω・`) ？笑　とりあえずおめでとう
今度話し聞かせてよ！　つか、プリクラ見せてね
From けんすけ 17:00
なんで報告しなきゃダメなんだよ笑　絶対見せない笑
To 彼女 17:01
うーん、Y's にあった二万五千の買うかマークバイの五千円の買うかだよね (´・ω・`)　でも、Y's のもーなさそうだし、別に財布そんないかちーやつにしなくてもいいかなと (´・ω・`)
To けんすけ 17:03
確かにダメではない！笑　いや、見る！　可愛いプリクラとっとけよ
From てる 17:19
たかはし、りょう、ゆたかがくる 笑
To てる 17:21

From 彼女 13:02
７時あうにょ (=゜ω゜)ﾉ
To 彼女 13:09
了解 (●´ω`●)ﾉ　じゃあ、終わったら連絡するね❤
To けんすけ 13:39
やほー！　単位取れたかぁ (・∀・) ？
つか、夏どっかの日程で久しぶりにもと中メンツで飲まない⁉
To 三宅 14:24
やほ (･∀･)ﾉ　よしくん家泊まれた？笑　つか、明日たくやと遊ぶんだけど、三宅も来れない⁉　適当に原宿らへんぶらつかない？　あと、明日こそガチで渉外のこと話そー！
From てる 15:11
まじありがとね　ほーい♪　つか、学園飲みみんな反応悪いｗｗ
To てる 15:15
ちわーす！よろしく　まじか (´・ω・`)
みんな変わったわー 笑　ちょい②返信はきたぁー？
To 彼女 15:24
今予約まで時間あるから古着屋をぶらぶら回ってる (●´ω`●)
てゆか、ビルケンのサンダルほしいかも (´・ω・`)
From 彼女 15:26
ふにゅ❤　びるけんさん？　かわゆし？
From 桐島 15:29
俺旅行とかいろいろあって１～２４まで東京にいないんだ(笑)
で２５～２８まではクラス旅行だし３０とかなら行ける
To 桐島 15:31
まじか！　九月一日は？
From 桐島 15:31
たぶんいける！！
To 桐島 15:33
了解！　じゃあ、そこらへんちょっとあけといて！　よろ～
To 彼女 15:41
まるっこい可愛いサンダルなの (●´ω`●)　つか、安く売ってたから買っちゃった❤笑　あとで見せたげる (・∀・)
From けんすけ 15:46
マクロがあぶない笑　いいよ！　いつ、メンツは？
To けんすけ 15:58
でたミクマク笑　まじ鬼門らしいね！　経済じゃなくて本当よかったわ 笑　ちなみにオレドイツ語ノーベンで挑んだらふつーに死んだ (●´ω`●)
近々だといつ時間あるー？　メンツはまー増山とか丹波とかつばさとか
それともまた同窓会企画しちゃう？笑　つか、昨日とおるにあったんだけどめちゃロン毛になってた！笑
From 彼女 16:01

To 谷口 09:38
だね!! 本当お疲れ様っす (●´ω`●) つか､後期の文献応用どーする？

From 谷口 09:42
あーまだ応用先生誰いるか見てないわ
なるべく楽な先生とりたいよね

To 谷口 09:43
お互い調べて共有しよ！ 数少ない仲間だからね！笑

From 谷口 09:45
だね！ つか、また同じ先生とろね！

From 浜田 09:45
１１日だったら途中参加になる可能性が高くて、１２日、２０日は ok かな (･ω･) まぁほかの日になっても基本バイトだからずらすことは可能かと！ よろしく (･∀･)

To 谷口 09:47
うん！また、履修決めるときメールするわ！ またねん

From りょうさん 10:38
みんな久しぶりー。りょうです！！！ ９月にちひろとまみが一年間留学に行くので８月１２日に送迎会をしちゃいます！！ 場所とかはまだ未定だけど夕方くらいからする予定 (´∀`) てかみんな最近どうしてるの！？ 久しぶりにみんなで会おうよ！！ 来れる人は俺まで出欠よろしく！

To たくや 11:21
１２日のまみとちひろの送別会いくー？

From たくや 11:24
いくよー！ 別でもやるけど、これも行くっしょ！

To たくや 11:25
了解！

To りょうさん 11:28
お久しぶりです！！ 行きます♪ よろしくお願いします！
幹事お疲れ様です

To トータス・メーリングリスト 12:04
次の会議は予定通り三日に３時から９時で新宿です！
休む人連絡ください♪

From 神谷 12:08
３日はですね､申し訳ないんですが､飲み会の予定が入ってしまいまして こっちの飲みに行きたいのはやまやまなんですが、付き合いというもので避けられないのです ということで､飲み会の時間（まだちょっと不明）までの会議の参加になります m(__)m 色々話したいことあるし (*´∇`)

To 神谷 12:13
神谷久しぶりー (･∀･) 元気してるかぁ〜い つか、mixi にあがってた新しい写真カッコイイね！ モデルいいし、雲いいかんじだしすごい好き 笑 まじか！了解♪ オレも色々話したいことあるよー (･∀･)
とりあえず、夏はぶちあげよ (●´ω`●)b

か？笑　大学の付き合いもあるとは思いますが。なんかセッキーもみんなに会いたくて仕方ないようだし！！　とりあえず予定いつが空いてますかね？　候補としては八月の5か、１１、１２、１３らへんか、１５か、１８、１９、２０日らへんとかどーですか？　それとも２５、２６日とかもっと先がいいかな？　とりあえず、メールください

From 武田 22:44
お疲れ　１３‼‼‼ じゃなきゃダメそうだわ‼

From 古川 23:01
１３か２０以外はキビシイ

青下さん♂：バイト先（居酒屋）の先輩
菅谷さん♂：バイト先（新聞社）の社員
安西♂：高校時代の他クラスの友達
ゆか♀：高校時代の他校の女友達
安部さん♂：同じ大学の友達
かほ♀：大学サークル（トータス）の友達（他大学）
彼女（裕子）♀：某女子大に通う大学２年生、出会いは高校時代
古川♂：高校のクラスメート（Ｂ組）
福島♂：高校時代の他クラスの友達で、大学では同じ野球サークル
関♂：高校のクラスメート（Ｂ組）
武田♂：高校のクラスメート（Ｂ組）

2日目／7月31日金曜日

To 坂本 00:00
坂本〜　記念すべき２１才の誕生日おめでとー　いつも本当にありがとね (´・ω・`)　国家公務員の勉強とか色々大変だと思うけど、頑張ってね‼　陰ながら応援してます (●´ω`●)　疲れたときはまたみんなで飲みいったり焼肉食べいったりしよーね　なんか企画あったときはがんがん誘うんで❤　あと、学園飲みとかＢ組飲みとかやりましょう　オレはこんなんですが、これからもよろしくね♪

From 坂本 00:08
ありがとう　さっきゆうこちゃんからもメールいただきました
できたカップルですな (笑)　Ｂ組飲みは企画頼んだ‼
とりあえず８日に学園飲みあるからガンガン誘っちゃってくれ❤

To 坂本 00:16
Ｂ組飲み企画してるよー！　八日の学園飲みもガンガン誘うね (●´ω`●)ノ

From 谷口 08:14
文献レポート提出ってどこだっけ？笑　てか期限いつまでだっけ？　今日だと思って徹夜で仕上げちゃった笑

To 谷口 09:29
やほー！今日までだよ　８−５０７！
まじ単位くることを願うよ (´・ω・`) 笑

From 谷口 09:35
だな‼　ゼミ入れなかったら終わるからね
お互い辛いのが終わってよかった＼(^o^)／

うーん、じゃあいこかな(*´・ω・`)　他に誰かオレの知り合い行くかな!?
From ゆか 15:20
各代１０人くらいずつ集めなきゃだから、５期の人ならたけし知り合いいるでしょ
From 安部さん 16:13
今日どこでミーティング？？
From かほ 16:30
いやいや、おめでとう❤❤❤ ほんとにたけしについてきて良かった(´∀｀)
まだまだトータスは駆け出しだけど死ぬまでついていくぜ❤
誕生日の次のひにきたたけしからメール返事返し忘れてた
いまきづいたから送ってみる！(笑)
To かほ 16:32
ありがとう❤笑
To 彼女 16:44
今日何時から会えるぅ？
From 彼女 16:46
６時には終わるから(＾＾)/ｼ にゃ❤
From かほ（To トータス・メーリングリスト）18:01
私用でごめんね、興奮しちゃって(´・д・｀)
今日ね、カフェのバイト代表でメディアの撮影してきたの
今週の王様のブランチたぶんうつるから暇だったらみてね❤
From 古川 19:03
お前今日オールこい
From 彼女 20:09
Σ(￣□￣)！うー
From 福島（To 野球サークル・メーリングリスト）20:28
重要事項です。今日受付するので至急連絡ください。合宿の件ですがやはり八月はやどがみつからず残念ながら日にち変更となります。それで新しい日にちですが九月１３、１４、１５日で御殿場にいきます　今回の施設は最高です!!　みんななつ最後の思い出には最高の舞台がそろってます無理矢理でも参加しましょう
To 関 21:26
やほー　せっきーいつバングラデシュいくんだけ？　高校のＢ組飲みやるんだけど、久々にみんなに会いたいでしょ　日程合わせるからよろしく❤
From 関 21:49
バングラは２日から行って２１日に帰国します。９月は一週目あたりにクラスのお泊まり会がある以外まだいれてない。
To 関 21:56
了解！　グラミン銀行の話聞かせてね～
To 高校のクラスメート・メーリングリスト 22:26
やほー　夏休みだねー!!　てことで、年に一度のＢ組飲みしません

新村社会を生きる、ある男子大学生（21歳）の

1週間、全送受信メール

佐藤たけし（仮名）：都内の某中堅私大3年生。東京都町田市在住。付属高校（男子校）上がりで、大学ではイベントサークル、野球サークルに所属しながら、友達と一緒に立ち上げた自らのサークル（トータス）の活動にも力を入れている。アルバイトはカフェ、居酒屋、新聞社など。ケータイ電話帳の登録人数は623人、ミクシィのマイミク数249人。

1日目／7月30日木曜日

From 青下さん 13:32
金田さんとなかいいな
To 青下さん 13:34
・・・笑
From 青下さん 13:42
オカマってほんとにヒステリックなんだな。あいつまじキモいよな。お疲れ！
From 菅谷さん 14:34
佐藤くん　ご無沙汰しています！　毎日暑いけどお元気？　今週の金曜か土曜に、バイトに来れたりします？　１日フルでなくてもかまわないので、もし可能ならお願いしたく・・。お返事お待ちしております！！　菅谷
From 安西 14:56
吉岡のメアド教えて笑
To 安西 14:57
うい！ **Yoshiok[illegible]@docomo.ne.jp**
From ゆか 15:08
たけし、緑園祭の同窓会行く？
To ゆか 15:10
やほん（。･ω･。）ﾉ　うーん、、返事してない　ゆかちゃん行くん？
From ゆか 15:11
行くから行こ
To ゆか 15:13

原田曜平（はらだようへい）

1977年東京都生まれ。慶應義塾大学商学部卒業後、㈱博報堂に入社。博報堂生活総合研究所時代に、JAAA広告賞・新人部門を受賞（2003年）。専門は若者研究で、こわもてな風貌と本音を引き出す話術を武器に、日夜若者へのインタビュー調査にいそしんでいる。共著に『中国新人類・八〇后が日本経済の救世主になる！』（洋泉社）、『10代のぜんぶ』（ポプラ社）、『黒リッチってなんですか？』（集英社）、『情報病』（角川oneテーマ21）など。本書が初の単著になる。

近頃《ちかごろ》の若者《わかもの》はなぜダメなのか　携帯《けいたい》世代《せだい》と「新村社会《しんむらしゃかい》」

2010年1月20日初版1刷発行
2010年2月10日　2刷発行

著　者 —— 原田曜平
発行者 —— 古谷俊勝
装　幀 —— アラン・チャン
印刷所 —— 堀内印刷
製本所 —— 榎本製本
発行所 —— 株式会社光文社
東京都文京区音羽1-16-6(〒112-8011)
http://www.kobunsha.com/
電　話 —— 編集部03(5395)8289　書籍販売部03(5395)8113
業務部03(5395)8125
メール —— sinsyo@kobunsha.com

ISBN 978-4-334-03544-0

153
会社がイヤになった
やる気を取り戻す7つの物語
菊入みゆき

「がんばっているのに結果が出ない」「会社の〝出世コース〟にのっていない」「上司とうまくいかない」――そんな貴方の失われた「やる気」を取り戻す7つの物語。

270
若者はなぜ3年で辞めるのか？
年功序列が奪う日本の未来
城繁幸

仕事がつまらない。先が見えない――若者が仕事で感じる漠然とした閉塞感。ベストセラー『内側から見た富士通「成果主義」の崩壊』の著者が若者の視点で探る、その正体とは？

305
ホワイトカラーは給料ドロボーか？
門倉貴史

大企業（従業員数千人以上）の〇六年度の平均大卒初任給二一・五万円、課長職の月給五二・九万円――果たしてもらいすぎなのか？　統計データから見るホワイトカラーの実力。

346
会社を替えても、あなたは変わらない
成長を描くための「事業計画」
海老根智仁

あなたのやっていることは、本当に今やるべきことですか？――上場企業の現役経営者が語る、会社を飛躍的に成長させ、個人の明確なキャリアを築くツールとしての〝事業計画書〟。

385
新入社員はなぜ「期待はずれ」なのか
失敗しないための採用・面接・育成
樋口弘和

一見優秀な「ダメ人材」に、騙されていませんか？　300社以上の人事コンサルティングに携わった経験から、今時の若者たちの採用・面接・育成のコツを分かりやすく教えます。

393
会社に人生を預けるな
リスク・リテラシーを磨く
勝間和代

日本が停滞する「すべての原因」は終身雇用制にあり。個々人は、企業は、国は、何を考えなければならないのか――。リスクをチャンスに変えるための、具体的提案の書。

394
会社の電気はいちいち消すな
コスト激減100の秘策
坂口孝則

「コスト削減」「節約」のかけ声も空しく、なかなかうまくいかないのはなぜか？　それは社員自らが率先して動くための三つの「しかけ」がなかったためだ！　デフレ時代の必読書。